ISLAND OF MY HUNGER

CUBAN POETRY TODAY

Edited and with an Introduction by Francisco Morán

City Lights Books
San Francisco

10 9 8 7 6 5 4 3 2 1

Cover design: Stefan Gutermuth
Text design and composition: Harvest Graphics

Editor: Robert Sharrard

Library of Congress Cataloging-in-Publication Data

Island of my hunger: Cuban poetry today / edited and with an
introduction by Francisco Moran
        p.   cm
ISBN-13: 978-0-87286-459-7
ISBN-10: 0-87286-445-6
    1. Cuban poetry—20th century—Translation Into English.
2. Cuban poetry—20th century.   I. Moran, Francisco, 1952–
II. Title.

PQ7384.5.E5185
861'.6408097291—dc22

                                                    2005018038

City Lights Books are published at the City Lights Bookstore,
261 Columbus Avenue, San Francisco, CA 94133
Visit our Web site: www.citylights.com

CONTENTS

Jesús J. Barquet

Ángel Escobar

Félix Lizárraga

Contributors' Notes

INTRODUCTION

Escape Routes

Contemporary Cuban poetry has questioned all of the maps. It has redrawn their borders, transforming countries into escape routes rather than fixed places. This diversity has made it difficult to organize coherently all of the voices finally gathered here. At my editor's suggestion, it struck me as ideal to follow a chronological order in selecting a group of poets born after 1950. Unfortunately, and as is always the case, it wasn't possible to include an important group of poets, among them Víctor Fowler, Roberto Valero, Abilio Estévez, and Néstor Díaz de Villegas.

In spite of the differences, my selection is anchored in common ground: in a thorough reconsideration of the political and cultural events in Cuba and the rest of the world that these writers have experienced. The fall of the Berlin wall and disintegration of the Socialist bloc, together with what was happening on the island—the crisis of the Peruvian embassy and the Mariel exodus in 1980, as well as the so-called *balsero* flight of thousands on hand-built rafts in 1994—are only a few of these events. In accord with what Octavio Paz calls the "critical passion" that characterizes modernity, Cuban poetry of the last two decades has challenged the boundaries, starting with writing itself and extending to gender, power, and the state.

The context of this critical questioning is the ongoing tension between the homogenous official definition of who Cubans are and these younger writers' vision of a culture in breakdown and flight. On the one hand are the calls to unity, to defend our identity, which means, of course, an absolute support of the government that guarantees that identity. This is especially difficult since the island itself, the homeland, the nation, the state, the revolution, and socialism all have been equated with the figure and leadership of Fidel Castro. On the other hand, what we find in most contemporary Cuban literature is a focus on ruin, the fringes of society, a falling apart.

Chief among the escape routes are emigration and exile, which undermine any consideration of either the territory or culture of the island as a unified whole. Another escape route has been reclaiming the body and its desires. Demands for unity requiring the subjugation of the individual, and an entrenched ideology of self-sacrifice and martrydom suppressing the body, have created these areas of breakdown and flight.

Another point of collision, as important as the rest but ignored until now, is how language has deteriorated recently in Cuba. After 1959, political language came to play a dominating role. This language has been marked by the personality cult of Castro and a redundant, parroting style, unrelenting to this day. All this has accomplished is to make clear the emptiness and schizophrenia of the words. The criticism of language and writing, although one of the tasks of modernity, has become a household experience in Cuba, where public rhetoric has had no purpose other than propaganda. From the speeches of the Commander-in-Chief to the recent innovations of mass rallies and "information booths," the Cuban has hardly anywhere left to hide from the harassing onslaught of political rhetoric.

What the new Cuban poetry is trying to do is shake up this language machine, challenge the words. The poems are trying to knock the wind out of language, to replace it, as Rolando Sánchez Mejías writes, with the "clean space / that precedes ruin."

But the criticism of state rhetoric sometimes occurs more directly, such as with the frequent rewriting of texts or segments of poetry that have sanctified the island. In "Couplets for the

Death of My Country." Jesús J. Barquet defines his country negatively, by whatever it is not. The speaker even refuses to pronounce the name Cuba, replacing it with "those four letters" that no longer contain the homeland, but foreignness. José Lezama Lima, probably the most important Cuban writer of the 20th century, is at the same time reduced to "someone."

These are not completely new interpretations of Cuba. What these poets are recovering is the malaise expressed in "La isla en peso" (1943) by Virgilio Piñera, an influential writer neglected in the final decade of his life. Yet for the first time, this anxious viewpoint takes in the hollow political language and hostility of the island, pointing the way toward mass exodus. With time, these waves of criticism and diaspora only seem to have intensified.

For instance, the movement around the magazine *Diaspora(s)*, produced without any government support, expresses a different variety of flight, another departure from the party line, and in the nature of its language, a negation. Juan Carlos Flores captures it well in a poem, as we might expect, about Virgilio Piñera: "No, they told us, we should keep away from him / they made us read Pita, Guillén, anyone / of the others / no, they told us, and we had to choose." In another poem associated with this movement, Reina María Rodríguez's vision shifts between the legendary photo of Che Guevara taken by Korda and the dried-out fountain in the Parque Central, questioning that face and its utopian dreams: "and you still require some faith from me?"

In Cuba, the poet's anguish follows a common pattern. After various breakdowns, the individual separates from the gregarious collective, then drowns in the singular self, approaching a dangerous point of no return: suicide. The body is sacrificed on principle by refusing to belong to the amorphous mass of "the people." The relative frequency with which Cuban poets have committed suicide—and the list includes, among others, Ángel Escobar, Reinaldo Arenas, Calvert Casey, Raúl Hernández Novas, and Miguel Collazo—can be understood as a radical departure from an ideology in which the body must be restrained, strengthened, and offered up only as an act of patriotism. Suicide implies waste, a squandering, and, above all, a reinterpretation of the meaning of sacrifice.

For Ángel Escobar, suicide is paradoxically an act by which the poet reasserts and affirms himself as an individual. The decision to dedicate this anthology to Escobar is not just sentimental, though it may seem so. In Escobar's agony, a language obsessed with ugliness and loneliness achieves a body-like density, and explodes. This is the crowning moment of a process marked by Virgilio Piñera's strident notes, his horrifying screech. Escobar's poetry traces Cuba's descent into the abysss and, at the same time, into a death in which words transform everything. The divine's presence is the slap in the face of its absence, and the promise of salvation and eternal life is the joke's punch line. The divine exists only as a revelation of hell: "I have not forsaken you / I remain here with you." In his poem "The Presence," the Father says to the Son, just crucified: "They have tied you on the bank / to a plank, / between the sea you scorn / and the land you love."

Escobar lends the same emphasis to this angst as to a parody of messianic myths, including, of course, that of the Cuban revolution. In this sense, here he appropriates Marti's voice:

> When I'm afraid I think
> like a simple Escobar
> of the white knife that
> will kill me: I am black.
> Crimson as the desert,

a sun rose to the horizon,
illuminated the already cold Escobar
hanging, blank wilderness.
A child saw me. And shuddered
ardently for the afflicted.
As witness to my death, he swore
to erase the crime with his life.

In these lines Escobar has blended two quite different poems from Jose Martí's *Versos sencillos* (XXV and XXX), to create a chilling voice: the horror of slavery and racism. From the perspective of black flesh fated for the white knife, the voice rewrites with mordant irony all of the movements for personal and social redemption, including the Cuban. On February 14, 1997, Escobar, recovering at home from a suicide attempt, threw himself from the balcony and ended his life. He destroyed the body he was never able to befriend, transforming himself into "blank wilderness," as much in Cuba, to paraphrase Martí, as in the night.

The group of voices assembled here is not a map of Cuban poetry, if by this we are to understand a well-defined territory with more or less recognizable borders. This gathering is, on the contrary, chancy and makeshift, made up of flights, of smears and corrections. In "Céline and the Women," a poem by Reina María Rodríguez, we find this line: "However much everyone tries to weave this cloth together, it unravels." This image may provide the key to a certain coherence among these voices: There is no way to reweave these loosened threads into a whole, to knit the diasporas back together. In the end, we must accept the fraying, the decline and fall of all maps—and all promises—beginning with writing itself.

"Listen up, towns of myself, island of my hunger / still not satisfied." Here Norge Espinosa addresses his country, ending with the perverse twist: "I'm leaving you behind."

Now the "Out-of-focus scenery hands us its token." The only certainty Cuban poets can count on is scattering, the insecurity with which we pass our fingers over maps only to rearrange the directions. Pedro Marqués proposes the parallel of "write / erode" with the same faith that Antonio José Ponte insists that "the maps are mistaken." Meanwhile, the razor of water slices through everything, even the latest act of giving birth.

May 20, 2002
Arlington, Virginia

TRANSLATED BY JAMES NOLAN

salen marselleses con agua del Ródano en la boca a soplarme el ombligo. Todavía se puede hacer otra vez la Torre de Babel. Me levanto y escribo a altas horas de la madrugada, en el vagón que se desliza como la luz en las tormentas del Caribe. Las estatuas son simples y amorosas. Están expuestas, solas. No sé por qué mis manos tiemblan cuando pinto el retrato de Cemí y lo escondo en la cabeza cortada de Fernando Séptimo. No sé por qué en los portales de museo de la ciudad y no en Trocadero ciento sesenta y dos. Deberá ser la niña que lo hace. La niña que iba a mirar el agua de la bahía, buscando otra que se pareciera, la que se aferra ahora a mi brazo, halándome. Yo, que *no me detengo en ningún destino.*

untwist the ancient lie of languages. To redo the Tower of Babel. I rise at dawn to write in the car that streaks as light through Caribbean storms. The statues are elegant, loving. Alone, exposed. Why do my hands tremble as I draw Cemi's[1] likeness and hide it in the severed head of Ferdinand the Seventh? Why here at the gates to the city museum, not at 160 Trocadero?[2] It must be the girl who does that. The girl who searched the waters of the bay for someone who resembled her, the one who grips and pulls me down. I. . . *who knows where? Even destiny can't hold her.*

TR. BARBARA JAMISON

---

[1] Iconography of the Taino peoples of Cuba, Santo Domingo and Puerto Rico as well as the name of the central character of Cuban writer José Lezama Lima's masterwork *Paradiso*.

[2] Lezama Lima's residence in Havana.

FRANCISCO MORÁN (1952–   )

Diálogos con la serpiente

I

No la mires fijamente
al ojo que brilla
a la tentadora pulsión
de cada euforia.
Si te seduce la elocuencia de su fuego,
estás perdido.
De cualquier modo
acéptala sin vociferar.
Sé humilde
y no quieras tirar de la bestia.

Ahógala gozoso
en el aquelarre de tus piernas.

II

Toda la noche
arrastrado por los anillos
la humedad en el oscuro intervalo
de la flecha acariciante
y el labio que avanza
entre la cosquilla de los juncos
y el temblor y el aullido

de entrechocados fervores

FRANCISCO MORÁN (1952–   )

Conversations with the Serpent

I

Don't stare steadily
into its gleaming eye
at the tantalizing quiver
of every swell of pleasure.
If its eloquent fire seduces you,
you're lost.
However possible,
take it without crying out.
Be respectful.
You don't want to tweak the beast.

Drown it voluptously
between the voodoo of your legs.

II

All night sliding through coils
in the dark gap, the wet
of the stroking arrow
and the lip coming closer
between the tickle of reeds
and the tremble and howl

of colliding fevers.

III

Boca a boca
la serpiente resbala
qué irritación la empuja
         a danzar
vara de castigo
báculo ciego de las manos y la legua
la serpiente aspirada
aspirante
la luna y el cuchillo
         cetrería tenaz
por la garganta
sabor de las vísceras expuestas
           al sol
ah esta ronda
de salir cada noche
implorante como una virgen

a los establos.

III

The serpent glides
mouth to mouth
what tender spot inflames it
        to dance
whipping stick
blind cane of hands and tongue
the serpent sucked in
sucking up
moon and knife
        the throat's
tough falconry
taste of guts brought
        to light
ah these rounds
of going out every night
insistent as a virgin

to the manger.

Extraños en la noche

Tanto requisar la noche
y sólo un poco de luz en el rostro de un
                            desconocido
que se acerca con un pan agrio.
Dónde estamos. La vigilia nos ha cambiado
                            el semblante.
No más el rasguño de la bondad en la leche,
nata, indivisible blancor,
o la circuncisa nocturnidad
en las mejillas.
Llevamos el hielo tatuado en la sangre.
Toda la ciudad se ha quedado sin hojas.
Y el barrenillo de la ceniza dando la vuelta
al sopor de cada desencuentro.
No hace falta la soledad del nombre,
su llama tan frágil,
para echar de menos a un desconocido.
No hace falta la picazón de las tinieblas.
Basta una noche como ésta,
su torturante hermosura,
el cuerpo veloz cruzando hacia

ninguna parte.

Strangers in the Night

Searching the night so much
and just a touch of light on a
                              stranger's face
approaching with a loaf of sour bread.
Where we stand. Lack of sleep has distorted
                              our faces.
No bite of goodness remains in the milk,
no skin of cream, unseparable whiteness,
or nighttime circumcised
on the cheeks.
We pace with ice tattooed in our blood.
The city has shed all of its leaves.
And the driller of ashes is spinning around
in the drowsiness of each lost encounter.
You don't need the loneliness of a first name,
its delicate flicker,
to miss someone you've never met.
You don't need the itch of pitch blackness.
A night such as this is enough
in all its excruciating loveliness,
the swift body
cruising across a bridge

to nowhere.

El cuerpo del delito

Soy feliz sin ningún remordimiento.
Soy feliz de la voz al equipaje.
Y me llevo conmigo en cada viaje
la existencia como un divertimento.

No sufro ni padezco de tormento.
Duermo, descanso, y al llegar la noche
me prodigo a mí mismo en tal derroche
que el placer me encomienda su contento.

Mi cuerpo recorre los establos
lo mismo que las altas catedrales
y va del caballero a los ladrones.

Estalla su granada en los retablos,
se bautiza en las aguas albañales
y exprime su dulzor a los limones.

Mare Nostrum

Las islas resbalan como coágulos hacia el fondo.
Se hunden en la película mojada del agua,
se van desdibujando.
Y el mar pierde su vanidoso balanceo,
aquella indiferencia de sala de cine
que lo hacía tan íntimo,
especialmente por las tardes.
Las islas han comenzado a roerle sus tesoros hundidos.
Me pregunto qué va a pasar

Body of Evidence

I'm happy with nothing to regret.
Happy from my voice to my valise.
I pack along on every trip I take
life itself to help me pass the time.

I don't suffer or harbor any horrors.
I sleep, relax, and when nighttime comes
I'm lavish with myself to such a measure
that pleasure hands me over all its joy.

My body makes the rounds of stables
just as to the loftiest cathedrals
at home among gentlemen and vandals.

Its pomegranate bursts upon the altars
and is baptized in smelly sewer waters:
sweetness is what I squeeze from lemons.

Mare Nostrum

Islands slide like clots toward the bottom.
They sink under the water's slick film,
turning blurry.
The sea ceases its self-important rocking,
the movie-house impersonality
that made it so cozy,
particularly during the evenings.
Islands have begun to gnaw at their sunken treasures.
I wonder what will happen

cuando no haya más que ahogados
y frente al muro del malecón
se borre la línea divisoria entre Dios y el espejo,
cuando sea el mar el que nos busque implorante
y se nos vaya al fondo su eternidad a medio hacer.
Parece que a nadie le importa que con el último vecino
se desdibuje el sentarnos cada noche en el muro
a mordizquear la acidez de las cosas
que se depositan en la distancia.

La patria, a un lado

Lo que despide la tierra, a saber,
cementerios, minerales tan íntimos, tan familiares.
Para hacer la patria
siempre se necesitan muchos muertos.
Y nunca son suficientes.
Bajo los pies y la yerba crecen los amigos.
Sus almas quemadas tienen la transparencia del silencio,
y una misma levadura (el olvido)
hace de ellos nuestros semejantes.
Cuando te pidan un sacrificio por la patria
(a veces basta con que te magulles el sexo),
piensa un instante si vale la pena.
Mira los libros de historia,
y ve que están hechos de cadáveres,
que son desenterrados una y otra vez,
para que quieras seguir su ejemplo.
Y recuerda que nunca es suficiente.
Si crees en la felicidad,
no tienes otra alternativa.

when nobody but the drowned are left
and in front of the seawall walk
the border between God and the mirror vanishes,
when the sea comes repeatedly seeking us
and its raw eternity plummets to our depths.
It seems nobody cares how out of focus we are
seated at night with the last neighbor on the seawall
biting into the sting of things
deposited far in the distance.

Your Country, On the Back Burner

What the soil smells of, namely,
cemeteries, minerals so yours, so intimate.
It takes a lot of dead folks
to make up a country.
And they are never enough.
Friends sprout from the grass, between toes.
Their burned-out souls are as gauzy as silence,
and the same yeast (oblivion)
makes them look like us.
When asked to sacrifice for your country
(sore genitals will sometimes do the trick)
consider for a moment if it's worth it.
Open the history books
and see how they are made of corpses
dug up over and over again
so you'll decide to follow their lead.
And keep in mind, it's never enough.
You have no choice
if you believe in happiness.

Tendrás que dejar la patria, echarla
a un lado.
Es mejor su nostalgia,
que su bandera llamando siempre
al combate,
al sacrificio.
Hazte el distraído cuando digan tu nombre.
Pero, si la patria te obliga,
deslízate entre las filas del enemigo
y busca un enfebrecido combate
cuerpo a cuerpo.

Santiago de Cuba: 1898

Un siglo después de su hundimiento
el Almirante Oquendo respira en la mancha de peces
que visita sus hierros calcinados,
definitivamente silenciosos.
La tripulación misma debe haberse integrado
a los corales y anémonas, a las esponjas y gorgonias
que ahora recubren los restos del barco.
Todavía uno de los vetustos cañones
sobresale al suroeste de la bahía.
En lo que queda del sistema de calderas
ha comenzado a cimentarse
un lecho coralino "de cerebro."
Como le sucede a las islas que comienzan a formarse
                              lentamente,
lo mismo en el planctum, que en las barreras coralinas,
en los restos de los barcos, o en las páginas apócrifas
                    de los diarios de navegación,

You have to desert your country, put it
on the back burner.
Better to feel homesick
than have the flag always summoning you to fight,
to sacrifice yourself.
When your name comes up, act spaced-out.
But if your country forces you,
slip past enemy lines
to engage in sweaty combat,
body to body.

Santiago de Cuba: 1898

A century after going under
the *Admiral Oquendo* breathes in the smear of fishes
touring its charred wreckage,
deadly quiet.
The crew itself must have seeped into
the coral and anemone, sponges and fossil fans
now blanketing the ship's ruins.
One of its venerable cannons still pokes out
toward the southeast of the bay.
A brainy-textured coral bed has begun
to cover what is left of the boiler-works.
And just as islands gradually start
                                    building up—
like plankton, coral reefs,
shipwrecks, or the apocryphal pages
                    of logbooks—

y salen finalmente a la superficie
—ya irreconocibles los horrores de los hundimientos—
bajo la luz pavorosa del sol,
así el Almirante Oquendo se va cubriendo de maravillas,
de peces y pájaros que pueden respirar entre la hojalata,
de un paisaje cuyo esplendor se originó en los residuos,
en cañones obligados a callar,
y en las ambiguas pertenencias de los viajeros hundidos.
Día vendrá en que el Almirante Oquendo
se llene de turistas,
de libros que escriban y canten sus bellezas,
de latas de cerveza vacías, de inservibles refrigeradores,
de restos de balsas, de mapas sin dirección,
de ciudades oscuras,
y—sobre todo—de poetas que harán de él
el sitio en que tan bien se está.
Nadie se dará cuenta, pero para entonces,
ya habrán comenzado a crecer, una vez más,
las anémonas y los corales
por entre las planchas de hierro del ya inservible
                                sistema de calderas.
Y el ancla misma se habrá confundido
con las ostras vacías, y con la memoria glacial
de las morenas.

and someday finally surface
into shocking sunlight,
their ghastly sunken shapes unrecognizable,
so the *Admiral Oquendo* is bristling with marvels,
with fish and birds sighing inside the tinplate,
a seascape of splendor that surely took root
in debris, cannons fallen mute,
and submerged travelers' unlikely belongings.
The time will come when the *Admiral Oquendo*
is filled with tourists,
illustrated booklets singing its praises,
empty beer cans, broken-down refrigerators,
the shambles of rafts, disoriented maps,
murky cities,
and—above all—poets who will make it over
into somewhere that feels like home.
Nobody will notice, not at the moment,
that corals and anemones
have already started sprouting back
between the iron-plates of the boiler,
                        again out-of-order.
The anchor will be tangled up
with oyster shells and the glacial memory
of moray eels.

TR. JAMES NOLAN

Protoescritura, dadagrafito, remanente arcaico, vello de Freud, el garabato se retuerce, como un recién nacido, sobre el pañal de la página en blanco.

*

El garabato es una microfotografía de la procesión que todos llevamos por dentro.

Raya sin tigre
Ceño sin frente.
Larva de la creación.
Caricatura de la abstracción.
Jitanjáfora visual.
Rúbrica de la libertad.

*

Si es herida,
¿qué abre?

Si es cicatriz,
¿qué cierra?

*

En forma de relámpago contempló Daniel el rostro de Dios. Garabato gráfico: rayo sombrío, instantánea del demonio, Luzbel al carbón.

Protowriting, dadagraffiti, archaic trace, Freud's fluff, the squiggle twists, wriggles, like a newborn babe on the diaper of the blank page.

*

Scribble is a microphotograph of the procession we all carry inside us.

Stripe without tiger.
Frown without forehead.
Larva of creation.
Caricature of abstraction.
Visual Jitanjaphora.
Rubric of freedom.

*

If a wound,
what does it open?

If a scar,
what does it close?

*

Daniel contemplated the face of God in the form of lightning. A graphic doodle: a shadowy beam, a snapshot of the Devil, a Lucifer in charcoal.

TR. PETER BUSH AND ANNE MCLEAN

Casa de todos

Nadie habla solo,
ni siquiera el silencio,
casa de todos.

    *

Hoja de parra,
cae la mano delante
de la guitarra.

    *

Aun en Cuba,
si los pájaros cantan
añoro Cuba [1]

    *

Noche estelar:
la del ojo de vidrio
por estrenar

    *

No tengo pies
sino manos que tientan
la redondez.

    *

A House for Everyone

No one speaks alone,
not even silence,
a house for everyone.

*

Over the guitar,
vine leaf,
the hand falls.

*

Even in Cuba
if the birds sing
I long for Cuba.[1]

*

Night stellar:
before the glass eye's
première.

*

I have no feet,
only hands that touch
the sphere.

*

---

[1] Variation on a haiku by Matsuo Basho

A Manuel J. Santayana

Jazmín de noche,
¿quién perfuma el instante,
tú o tu nombre?

*

¡Ah, tener gotas
de rocío por lentes
de contacto, hoja!

*

¿A dónde el viaje?
ni siquiera la luna
llena lo sabe.

*

La noche es tanta,
que si no amaneciera,
¿cómo encontrarla?

*

Niágara mínimo:
la penca del palma
real en vilo.

*

Hago que sueño,
y la noche me ofrece,
íntegra, a Venus.

*

For Manuel J. Santayana

Nocturnal jasmine,
who perfumes the moment,
you or your name?

*

Oh, leaves,
to wear dewdrops
as contact lenses!

*

Whither our journey goes?
Not even the full
moon knows.

*

Night is such,
that if day doesn't break,
how ever to find her?

*

Minimal Niagara:
the plume of the palm,
royally mid-air.

*

I act asleep
and the night offers me
Venus intact.

*

Vi todo el cielo
atisbarnos, desnudo,
por el espejo.

*

Aldebarán,
¡has pasado la noche
sin pestañar!

*

Hola, mosquito.
¿Te da miedo la noche?
Zumba un poquito!

*

Entre los robles
que rodean mi casa,
Dios, el más joven.

*

Hoja sin árbol,
¿por qué azar de la noche
nos encontramos?

*

Gano la cuesta.
Tras el Monte Venus,
¡lunas gemelas!

*

I saw the sky entire
peer at us, naked,
through the mirror.

                *

Aldebarán,
You've gone the night
without a single blink!

                *

Hi, Mosquito.
Afraid of the night?
Why not buzz a little?

                *

Among the oaks
around my house,
God, the youngest of all.

                *

Leaf without tree,
by what fluke of the night
did we meet, me and thee?

                *

I ascend the dune.
Beyond Venus's mount,
twin moons!

                *

Pluma sin pájaro,
cae la noche, se abisma
entre mis párpados.

Las miradas ocultas en la rosa

Las miradas ocultas en la rosa
se dirigen al hombre que, abismado,
allá dentro, en el fondo, ha musitado:
sólo la oscuridad es luminosa.

Allá dentro, donde la mariposa
es apenas un sueño, donde el prado
es un cáliz minúsculo y cerrado;
donde mana una fuente misteriosa.

Cómo pudo llegar al mismo centro
de la flor no lo sé, porque me encuentro
encerrado también. Alrededor

de mí crece la múltiple corola
de la luz, esa ciega, también sola,
encerrada en su propio resplandor.

Quill without bird
night falls, plunges
Between my lids.

TR. PETER BUSH

The Looks Concealed in the Rose

The looks concealed in the rose
point to the man who, engrossed,
within, deep down, whispered:
only obscurity is luminous.

Within, where the butterfly
is only a dream, where the meadow
is a minuscule, sealed chalice,
where a mysterious spring surges.

How he could reach the very center
of the rose I know not, because I
am also enclosed. Around me

grows the multiple corolla
of light, also blind and alone,
enclosed in her own splendor.

Los cuartos vacíos

¿Qué tarde desconocida
se posará en los postigos
de mi casa, y llenará
de luz los cuartos vacíos?

Ya mi madre se desplaza
de la vejez al olvido
y recupera los ojos
que iluminaron los míos.
Ya mi hermano se despeña
en su vientre, ya he perdido
la memoria, ya no soy,
y mi padre es casi un niño.
ya las paredes se marchan
y el pueblo se ha convertido
en un bosque, ya la isla
es un sueño, ya los indios
la abandonan, vuela el mar,
y el tiempo se ha reducido
a las sombras. Ya ni Dios
imagina el Paraíso.

¿Qué tarde desconocida
se posará en los postigos
de mi casa, y llenará
de luz los cuartos vacíos?

The Empty Rooms

What unknown afternoon
will settle on the shutters
of my house, and flood
in light the empty rooms?

Now my mother slips
from old age to oblivion
and regains the eyes
that illumined mine.
Now my brother falls
into her womb, now I've lost
my memory, now I am not,
my father's nearly a child.
Now the walls vanish
and the town has changed
to a forest, now the island
is a dream, now the Indians
abandon it, the sea flies,
and time is reduced
to shadow. Now not even God
can imagine Paradise.

What unknown afternoon
will settle on the shutters
of my house, and flood
in light the empty rooms?

Una palabra quisiera

Una palabra quisiera
ser distinta a lo que acaba
de decir, o ser un poco
todas las demás palabras.

La palabra *nube* quiere
decir pez, y el pez se llama
flor, y toda flor quisiera
ser conocida por Alba.
A los cuerpos se les dice
Cuerpos, pero son aldabas,
y las aldabas son olas,
y las Olas no se cansan
de ser pájaros blanquísimos,
constelaciones, estatuas
que celebran en el viento
bailes, desfiles de máscaras.

Una palabra quisiera
ser distinta a lo que acaba
de decir, o ser un poco
todas las demás palabras.

Word Wishes

A word would wish
to differ from what it just
said, or be a little
every word that is.

The word *cloud* wants
to mean fish, and a fish
called Flora, and every flora
would rather be a Dawn.
Bodies are dubbed
bodies but are fawn,
and fawn are waves,
and Waves never tire
of being birds most white,
constellations, effigies
waltzing on the wind
at parades and bals masqués

A word would wish
to differ from what it just
said, or be a little
every other word that is.

TR. PETER BUSH AND ANNE MCLEAN

REINA MARÍA RODRÍGUEZ (1952–   )

Jigs and Lures

El cielo inmenso que me pertenece ha caído en un detalle de mi plegaria. Yo lo creía cambiar desde los amarillos, a los fuegos intensos. Él mentía. Era mi visión la que cambiaba de ángulo. Lo demás pasaría. La pasión, la vida, la necesidad de ser abrazada, el don. Toda esta inútil persecución de la nada cuando una nube está a punto de cambiar su rumbo y disolverla. Él quedaría allí, fijo en sus circunvoluciones, con sus metáforas, con su luz—la que aún yo pueda ver. Las grietas del muro y el relámpago de calor logran el juego por todo lo que falta en esta tarde y ella, mi madre, como una sonámbula, también camina ahora por toda la casa que es redonda y circular, como un pequeño tapiz. Para que su poder absoluto haya cambiado, creo que tengo ya otra fórmula de concebirla. Ella es la reina, y el cielo que cambia vertiginosamente para su mirada es el lugar más próximo al trono, al renacer. La herida hecha por el tiempo se enrojece y sana poco a poco con la luz. Es mi madre, esa niña cuyos vellos púbicos perdieron su esplendor—esa piel blanca atravesada por ríos de varices; esa mujer que se avergüenza de estar cansada en un sillón—, se aproxima cada vez más a la idea de su propia estatua. Su coquetería era de tanta naturalidad artificial, algo así, como una fruta pintada, retocada—como el fondo del cielo de una cáscara contra el techo de cal. Algo insincero en el gesto de cubrirse la mitad, de la pierna, el pelo, el disimulo, la sonrisa. (Coger el pliegue de la saya vitral con los dedos en pinza). Y en el doblez hay cariño, hay dolor . . . Un peine al final, rajado, percudido y plástico, como el frágil látigo de acariciar siempre hacia arriba, su

REINA MARÍA RODRÍGUEZ (1952–   )

Jigs and Lures

The immense sky belonging to me has fallen in on a detail of my prayer. I thought it was changing from yellows into intense fires. He lied. It was my perspective that had changed its angle. The rest would pass. Passion, life, the need to be held, the gift. All this useless pursuit of nothingness to be achieved when a cloud is about to change its course, to dissolve nothingness itself. He would stay there, stuck in his circumvolutions, with his metaphors, with his light—maybe I'll see it someday. Cracks in the wall and heat lightning stand in for everything that's missing from this afternoon and she, my mother, like a sleepwalker, now moves throughout the entire house; it's round, circular, like a carpet. I think I already have a different formula for conceiving her, one that will change her absolute power. She is the queen, and the sky that changes dizzingly under her gaze marks the location closest to the throne, to rebirth. The wound made by time reddens and heals little by little with the light. She's my mother, that girl whose pubic hairs lost their splendor—white skin crossed by rivers of varicose veins; woman ashamed of being tired in an armchair—, she gets closer and closer to the idea of her own stature. Her coquetry was of such an artificial naturalness, something like that, like a painted fruit, touched up—the orange rind sculpted on her ceiling, covered over later with white paint. Something insincere in her gesture of half-covering up—her leg, her hair, her dissimulation, her smile. (Catching up the pleat of the turquoise skirt with fingers acting as pincers). And in her folding, there is tenderness, there is pain . . . An old comb, cracked, plastic, dirtied; the fragile domination expressed in ges-

única caricia entre el peine que sube y el dedo en tenaza que aprisiona el pliegue de una saya tensa siempre. Todo el mundo que ha vivido está allí, boca arriba y ella lo mira de soslayo, sin atreverse a encararlo. ¡Dios, Dios! ¿dónde se esconde la mujer bellísima y sin retocar del retrato limpio ahora por el programa digital? ¿Fue ésta? ¿Fue siempre ésta? ¿El envés de una reina? ¿Mi madre? Su sillón de mimbre deshilachado, ¿un trono? ¿La actriz que aún se prepara para su película en el doble de Rita Hayword? El tiempo no avanza, sino que retrocede, se curva. Ella estaba ahorita en la misma sala, sobre los mismos almohadones manchados. Pero en unos días, cientos de historias habrían pasado por su cuerpo atravesando la epidermis, llenándola de pequeñas manchas azuladas, agujeros casi a contra luz. Cada pliegue de su cara es un retazo; cada contorno determina un sujeto (de plomo) un acontecimiento, para engañar. Y allí estábamos todos los hijos malditos o preferidos; todos los pasados en los restos de un paisaje crepuscular cosido en su cojín de moaré. Encima, sus zapatos. Más arriba, sus piernas delgadas, y después el cuerpo que alguien me quitaba entre las sábanas. Creo que nunca la había visto así, tan de cerca, tan distante, dando una vuelta entera por la casa hasta llegar despacio y refugiarse en su sillón. Sólo cuando entro al elevador oscuro—al túnel—y se la llevan hacia donde ya no puedo estar (a donde ya no soy nadie para permitirme, ni ella es mi madre) me sentía perdida, partida y aterrada. Aterradoramente sola jugando con una jeringa vacía. Cuando regresa, justo con el movimiento inverso hacia el sillón—que siempre le quito, que siempre le he quitado—, la bolsa de sangre aún cuelga de su brazo como un señuelo de plomo contra el tiempo, y me regaña: "¿Qué estás haciendo aquí?"

tures always moving upwards, her only caress located between the comb that pushes her hair back and the finger on the iron that imprisons the pleat of a perpetually taut skirt. The whole world that has ever lived is there, face up and looking sidelong at her, without daring to face her. God, God! where is the woman hidden, the beautiful one who needs no digital retouching for a clean portrait? Was she this woman? Was she always this one? The reverse side of a queen? My mother? Her fraying wicker armchair—a throne? The actress who continues to prepare for her movie, who looks like a double for Annita . . . ? Time does not advance; it recedes, it curves. Now she was in the same room, on the same stained pillows. But in a few days, hundreds of stories will have passed over her body, crossing the epidermis, filling it with small blue spots—almost holes, when backlit. Each fold of her face is a remnant; each outline determines a subject (lead fishhook), an event, to create a deception. And there we were, all the damned or favorite children; all the pasts in the remains of a dusky landscape sewn into its moiré cushion. On top, her shoes. Above those, her thin legs, and then the body that someone took away from me wrapped in sheets. I don't think I've ever seen her this way, so close, so distant, making a circuit through the entire house until arriving slowly at her chair to find refuge. Only when I get into the dark elevator—the tunnel—and they take her to a place where I can't be (where I'm no one who gets permission, and she's not even my mother) I felt lost, split open, and terrified. Terrifyingly alone, playing with an empty syringe. When she returns, making the exact inverse motion toward the chair—the one I always take from her, that I've always taken from her—, the bag of blood still hangs from her arm like a leaden decoy to fool time, and she scolds me, "What are you doing here?"

TR. KRISTIN DYKSTRA

—al menos, así lo veía a contra luz—

para Fernando García

he prendido sobre la foto una tachuela roja.
—sobre la foto famosa y legendaria—
el ectoplasma de lo que ha sido,
lo que se ve en el papel es tan seguro
como lo que se toca. la fotografía
tiene algo que ver con la resurrección.
—quizás ya estaba allí
en lo real en el pasado
con aquel que veo ahora en el retrato.
los bizantinos decían que la imagen de Cristo
en el sudario de Turín no estaba hecha
por la mano del hombre.
he deportado ese real hacia el pasado;
he prendido sobre la foto una tachuela roja.
a través de esa imagen (en la pared, en la foto)
somos otra vez contemporáneos.
la reserva del cuerpo en el aire de un rostro,
esa anímula, tal como él mismo,
aquel a quien veo ahora en el retrato
algo moral, algo frío.
era a finales de siglo y no había escapatoria.
la cúpula había caído, la utopía
de una bóveda inmensa sujeta a mi cabeza,
había caído.
el Cristo negro de la Iglesia del Cristo
—al menos, así lo veía a contra luz—
reflejando su alma en pleno mediodía.
podía aún fotografiar al Cristo aquel;

—at least, that's how he looked, backlit—

for Fernando García

I stuck a red tack into the photo
—into the famous, legendary photo—
the ectoplasm of what has been,
what you see on the paper is as secure
as what you touch. photography
has something to do with resurrection.
—maybe he was already here
in what was real, in the past
with the distant man whom I now see in the portrait.
the Byzantines said that Christ's image
on the shroud of Turin wasn't made
by the hand of man.
I've exiled that reality to the past;
I stuck a red tack into the photo.
through that image (on the wall, in the photo)
we're contemporaries again.
the body's reserve in a face's demeanor,
that speck of life, like he himself,
that distant man whom I now see in the photo
something moral, something cold.
it was the end of a century and there was no way out.
the dome had fallen, the utopia
of an immense vault attached to my head,
had fallen.
the black Christ from the Church of Christ
—at least, that's how he looked, backlit—
reflecting his soul at high noon.
I could even photograph that distant Christ;

tener esa resignación casual
para recuperar la fe.
también volver los ojos para mirar las hojas amarillas,
el fantasma de árbol del Parque Central,
su fuente seca.
(y tú que me exiges todavía alguna fe.)

mi amigo era el hijo supuesto o real.
traía los poemas en el bolsillo
del pantalón escolar.
siempre fue un muchacho poco común
al que no pude amar
porque tal vez, lo amé. la madre (su madre),
fue su amante (mental?)
y es a lo que más le temen.
qué importa si alguna vez se conocieron
en un plano más real.
en la casa frente al Malecón, tenía aquel
viejo libro de Neruda dedicado por él.
no conozco su letra, ni tampoco la certeza.
no sé si algo pueda volver a ser real.
su hijo era mi amigo,
entre la curva azul y amarilla del mar.
lo que se ve en el papel es tan seguro
como lo que se toca. (aprieto la tachuela roja,
el clic del disparador . . . lo que se ve no es
la llama de la pólvora, sino el minúsculo relámpago
de una foto.)
el hijo, (su hijo) vive en una casa amarilla
frente al Malecón—nadie lo sabe, él tampoco lo sabe—
es poeta y carpintero.
desde niño le ponían una boina

could have that casual resignation
to recover my faith.
could look again, too, at the yellow leaves,
at the ghost of a tree in Havana's Central Park,
its fountain dry.
(and you who still require faith from me.)

my friend was the supposed or real son.
he carried poems in the pocket
of his school uniform.
he was always an unusual boy
whom I didn't attempt to love
because, perhaps, I already loved him. the mother (his mother)
was his (mental?) lover
and is what they fear the most in him.
what does it matter if they once met each other
on a more real level.
in the house on the Malecón, he had that
old book of Neruda's, with a dedication.
I don't know his handwriting, or certainty either.
I don't know if anything can be real again.
his son was my friend,
between the blue and yellow curves of the sea.
what you see on the paper is as secure
as what you touch. (I press down on the red tack,
the click of the trigger . . . what you see isn't
the flash of gunpowder, but the tiny lightning
of a photo.)
the son (his son) lives in a yellow house
on the Malecón—no one knows it, he doesn't know it either—
he's a poet and a carpenter.
they've made him wear a beret since he was a child

para que nadie le robara la ilusión de ser,
algún día, como él.
algo en la cuenca del ojo, cierta irritación;
algo en el silencio y en la voluntad
se le parece. entre la curva azul
y amarilla del mar.
—dicen que aparecieron en la llanura
y que no estaba hecha por la mano del hombre—
quizás ya estaba allí, esperándonos.
la verosimilitud de la existencia es lo que importa,
pura arqueología de la foto, de la razón.
(y tú que me exiges todavía alguna fe.)

el Cristo negro de la Isla del Cristo sigue intocable,
a pesar de la falsificación que han hecho
de su carne en la restauración;
la amante sigue intocable
y asiste a los homenajes en los aniversarios;
(su hijo), mi amigo, el poeta, el carpintero de Malecón,
pisa con sus sandalias cuarteadas
las calles de La Habana;
los bares donde venden un ron barato a granel
y vive en una casa amarilla
entre la curva azul y oscurecida del mar.
qué importancia tiene haber vivido
por más de quince años tan cerca del espíritu de aquel,
de su rasgo más puro, de su ilusión genética,
debajo de la sombra corrompida
del árbol único del verano treinta años después?
si él ha muerto, si él también va a morir?

so no one could steal his illusion that he would be,
someday, like his father.
something in the eye socket, a certain irritation;
something in the silence and in the resolve
seems like him. between the blue and yellow
curves of the sea.
—it's said that they appeared on the plain
and that the image wasn't made by the hand of man—
maybe he was already there, waiting for us.
the verisimilitude of existence is what matters,
the pure archeology of the photo, of reason.
(and you who still require faith from me.)

the black Christ from the Island of Christ is still untouchable,
in spite of the forgery they've made
of his flesh in the restoration;
the lover is still untouchable
and attends homages on anniversaries;
(his son) my friend, the poet, the carpenter of the Malecón,
walks in cracked sandals through
the streets of Havana,
the bars where they sell cheap rum in abundance,
and lives in a yellow house
between the blue and darkened curves of the sea.
what does it matter to have lived
for more than fifteen years so close to the spirit of
that distant man,
to his purest feature, to his genetic illusion,
under the corrupted shadow
of the summer's only tree, thirty years later?
if he has died, if he too will die?

no me atrevo a poner la foto legendaria sobre la pared.
un simple clic del disparador, una tachuela roja
y los granos de plata que germinan
                    (su inmortalidad)
anuncian que la foto también ha sido atacada
por la luz; que la foto también morirá
por la humedad del mar, la duración;
el contacto, la devoción, la obsesión
fatal de repetir tantas veces que seríamos
        como él.
en fin, por el miedo a la resurrección,
porque a la resurrección toca también la muerte.

sólo me queda saber que se fue, que se es
la amante imaginaria de un hombre imaginario

                                    (laberíntico)

la amiga real del poeta de Malecón,
con el deseo insuficiente del ojo que captó
su muerte literal, fotografiando cosas
para ahuyentarlas del espíritu después;
al encontrarse allí, en lo real en el pasado
en lo que ha sido
por haber sido hecha para ser como él;
en la muerte real de un pasado imaginario
—en la muerte imaginaria de un pasado real—
donde no existe esta fábula, ni la importancia
o la impotencia de esta fábula,
sin el derecho a develarla
(un poema nos da el derecho a ser ilegítimos en algo más
que su trascendencia y su corruptibilidad).
un simple clic del disparador

I don't dare put the legendary photo on the wall.
a simple click of the trigger, a red tack
and the germinating grains of silver
                              (his immortality)
announce that the photo has also been attacked
by the light; that the photo will also die
from the ocean's dampness, its duration;
the contact, the devotion, the fatal
obsession of repeating so many times that we would be like
        him.
anyway, I don't dare for fear of resurrection,
because resurrection too is touched by death.

the only thing that's left for me is to know that I was, that I am
the imaginary lover of an imaginary man
                                    (labyrinthine)
the real friend of the poet of the Malecón,
with the insufficient desire of the eye that captured
his literal death, photographing things
in order to drive them away from the spirit afterwards;
upon finding myself there, in what is real, in the past,
in what has been,
by having been made in order to be like him;
in the real death of an imaginary past
—in the imaginary death of a real past—
where this fable doesn't exist, or the importance
or the impotence of this fable,
without the right to unveil it
(a poem gives us the right to be illegitimate in something
more than its transcendence and its corruptibility).
a simple click of the trigger

y la historia regresa como una protesta de amor

(Michelet)

pero vacía y seca. como la fuente del Parque Central
o el fantasma de hojas caídas que fuera su árbol protector.
ha sido atrapada por la luz (la historia, la verdad)
la que fue o quiso ser como él,
la amistad del que será no será jamás
     su hijo,
la mujer que lo amó desde su casa abierta,
anónima, en la página cerrada de Malecón;
debajo de la sombra del clic del disparador
abierto muchas veces
en los ojos insistentes del muchacho
cuya almendra oscurecida
aprendió a mirar
y a callar
como elegido.
(y tú me exiges todavía alguna fe?)

and history returns like a declaration of love

(Michelet)

but empty and dry. like the fountain in Central Park
or the ghost made of fallen leaves that was its protective tree.
she's been trapped by light (history, truth)
the woman who was or who wanted to be like him,
the friendship with the one who will be, who will never be
    his son,
the woman who loved him from her open house,
anonymous, on the closed page of the Malecón;
under the shadow of the trigger's click
opened many times
in the boy's insistent eyes
whose darkened almond
learned to see
and to be silent
as if chosen.
(and you still require some faith from me?)

TR. KRISTIN DYKSTRA AND NANCY GATES MADSEN

la diferencia

yo que he visto la diferencia,
en la sombra que aún proyectan los objetos en mis ojos
—esa pasión de reconstruir la pérdida;
el despilfarro de la sensación—
del único país que no es lejano
a donde vas. donde te quedas.
sé que en la tablilla de terracota
que data del reinado de algún rey,
con caligrafía japonesa en forma de surcos
están marcados tus días.
los días son el lugar donde vivimos
no hay otro espacio que la franja que traspasan
tus ojos al crepúsculo.
no podrás escoger otro lugar que
el sitio de los días,
su diferencia.
y en esa rajadura entre dos mundos
renacer a una especie (más estética)
donde podamos vivir otra conciencia de los días
sin los despilfarros de cada conquista.

the difference

I, who have seen the difference
in the shadow that objects still cast on my eyes
—passion for reconstructing loss;
extravagance of sensation—
in the only country that isn't far away,
where you go. where you stay.
I know your days are marked
on the terra-cotta tablet
—dating from the reign of some king or another—
in Japanese calligraphy that reminds me of wrinkles.
the days are the place where we live.
there's no space other than the strip over which your eyes
pass at sunset.
you won't be able to choose any other place, only
the location of the days,
their difference.
and in that crack between two worlds
to be reborn into a (more aesthetic) species
where we could live according to another awareness of the days
without the extravagances of each conquest.

TR. KRISTIN DYKSTRA

JESÚS J. BARQUET (1953–   )

Salvación por la imagen

para rei, testigo presencial

Mi mirada no logra despertarlo.
Sabe—¿o no sabe?—que existo, que penetro
poro a poro su estirpe, su insolencia
dormida, su indiferencia hacia mí.

                    De pronto
mueve un brazo y el viento
de la Dogana aprovecha
y no cómplice sino rival mío le abre
la camiseta azul, lo acaricia
yendo y viniendo sobre él y él allí ausente dejándose acariciar
su anónima somnolencia.
                              (Mis ojos
sólo alcanzan a penetrar unas pulgadas más por esa piel
que se revela infinita.)

                    De nuevo,
vuelve a moverse inconforme, con breves gestos indecisos,
y me quedo cubista con una miríada de nuevos ángulos más,
entrevistos pero inconseguibles.
                              (Mi vista
—que sabe de imposibles—
busca ajustarse precisa a cada nueva visión:
                    el pecho,
                              la espalda,

JESÚS J. BARQUET (1953–   )

The Image Saves

for rei, eye witness

My gaze fails to wake him.
He knows—or does he?—that I exist, that I penetrate
pore by pore his lineage, his sleeping
insolence, his indifference towards me.

         Suddenly
he moves and the Dogana
wind seizes its opportunity,
not my accomplice, but rather my rival, and opens
his blue t-shirt, caressing him,
back and forth, and there he is, absent,
letting his anonymous somnolence be caressed
                  (My eyes
manage to catch sight of only a few more inches of that skin
that seems to go on forever.)

         Once more,
he moves, uncooperative, with brief indecisive gestures,
and now I'm a cubist with a myriad of new angles
glimpsed yet unattainable.
                 (My sight
—which understands the impossible—
tries to adjust precisely to each new vision:
        chest,
             back,

los muslos,
                    gira otra vez,
          la rodilla
que se alza creando una inédita dimensión, su boca allá en el
     sueño . . .)

               A cada forma suya
lanzan mis ojos flechas que, al rebotar,
hacen más mella en mí que en él, que duerme o pretende
no estar, sólo ser: Él es
Venecia. Yo soy
mis ojos. Mis ojos
anclados en él. Mis ojos
que no podrán nunca despertarlo
ni debieran . . .
               ¡CLICK!

          Se despierta. Con una mano busca
sus posesiones externas, con la otra se ajusta
el pantalón. Las recoge
—ahora es la verdadera fiesta cubista—, no escupe, se levanta
y se va.
                    (Las torres de San Marcos, los arcos lejanos
                              del Palacio Ducal
                                        pasan
                         en ineficaz sustitución
                              a ocupar su lugar.)
Pero yo no me rindo: vuelvo al espacio vacío,
tal vez a la estela por donde se fue, le exijo al aire un posible
aroma peculiar, quizás algún objeto suyo
intencionalmente olvidado en pleno fin de siglo XX:
               Anacrónico voy

thighs,
                        he turns again,
        the knee
that rises creating a dimension that didn't exist, his lips
        far-off in dream . . .)

        My eyes shoot arrows
at each of his forms, and they bounce off
making more of a nick in me than in him who sleeps or aspires
not to be, but to simply exist: He is
Venice. I am
my eyes. My eyes
anchored on him. My eyes
that will never be able to wake him
nor should they . . .
        ¡CLICK!

        He wakes. With one hand he searches for
his external possessions, with the other he adjusts
his pants. He gathers his things
—now is the true cubist revelry—, he doesn't spit, he gets up
and leaves.
                (The towers of San Marcos, the distant arcs
                        of the Ducal Palace
                                take
                                his place,
                        poor substitutes.)
But I'm not finished: I come back to the empty space,
perhaps to the waves left by his departure, I demand of the air
a possible peculiar aroma, perhaps some object of his
intentionally left behind smack dab in the end-of-20th-century:
        As if from another era

piedra a piedra reclamando su calor,
su rocío

                    —la Plaza de San Marcos insiste,
                         la Gran Laguna bate—
pero
nada . . .

Ahora sólo me queda revelar la foto que lo relevó.

Róbinson

Denme la isla desierta, poblada
sólo de paisajes y palmeras.
Denme la dulce y mansedumbre
fiereza de su mar, sus brisas color
cielo, su malecón abierto, aquel caserón
sobre la costa derruido. Denme su verde
vacío, su desolado sol, dos o tres playas
sin hollar, incluso algunos ángeles en estampida.
Denme su soledad viniendo desnuda por la corriente hialina,
para volver a sentir tierra bajo mis pies,
volver a nutrirme de ella,
sin santos ni héroes ni vestigios ni peros.

Prometo yo tampoco permanecer
sino dejar que tras de mí vengan otros
que también la abandonen después,
igual de utopistas y satisfechos.

I lay claim stone by stone, to his heat,
his dew

                   —the Plaza San Marcos insists,
            the Gran Laguna pounds the shore—

but what
does it matter . . .

Now all that's left is to bring to light the photo that replaced
      him.

Robinson

Give me the deserted island, populated
only by scenery and palms.
Give me the sweet and gentle
ferocity of her sea, her sky-colored
breezes, her open seafront, that rambling, run-down house
on the shore. Give me her green
emptiness, her desolate sun, two or three untrod beaches,
even a handful of stampeding angels.
Give me her solitude arriving naked on the limpid current,
so I can once more feel earth beneath my feet,
so I can draw her nourishment again
without saints or heroes or vestiges or notwithstandings.

I promise not to stay either
but instead to let others come behind me
who would then abandon her, too,
just as utopian and satisfied.

Coplas por la muerte de mi patria

nacer es aquí una fiesta innombrable
José Lezama Lima

Ya la patria no es nada:

Ni un recuerdo, ni un anillo, ni los padres
aquellos
que alguna vez se amó
y que por compasión la tierra
acabó por tragárselos.

Ni la playa desde la cual venía a contemplarnos
el ideal,
pues otras playas del mundo se nos han interpuesto
y sus aguas enturbia malsanamente la memoria, esta
torpe insistencia
de la nostalgia en que no debemos confiar.

Ni aquellos callejones y azoteas desérticas donde hacerse
al amor,
ahora que tantas calles del mundo nos han transitado.

Ni la cobriza turgencia de una piel cuya ausencia
disímiles pigmentaciones nos llevó a conciliar.

Ni la sorpresa que ahora dudamos si lo fue.

Ni aquel viento conforme y escaso, milagro
únicamente concedido al llegar junto al mar.

Couplets for the Death of My Country

> *to be born here is an unspeakable celebration*
> José Lezama Lima

There's nothing left of the fatherland:

Not a memory, not a ring, not those
parents
one once loved
swallowed in the end, out of compassion,
by the earth.

Not the beach from which the ideal came to
contemplate us,
now that other beaches of the world have intruded
and memory, nostalgia's clumsy insistence
        which we can't afford to trust,
perniciously clouds their waters.

Not those alleys and desert-like rooftops where one could
        make love,
now that so many of the world's streets have passed through us.

Not the coppery fullness of a skin whose absence
obliged us to settle for other colorations.

Not the surprise that we are now uncertain ever really was.

Not that contented, meager wind, miracle
granted only at the sea's edge.

Ni siquiera la infancia, prematura vejez asumiendo
una falsa inocencia y ocultando su espanto.

Ni tampoco esas cuatro letras que podría
pronunciar aquí como un conjuro o un bálsamo
serán más nunca mi patria,
aunque consten en toda acta oficial y nacer
fuera allí
alguna vez, para alguien,
una fiesta innombrable.

Christmas Vigil Mass in New Orleans

Cobre y el Altísimo,
párpados que quisiera comprobar
con índice y pulgar, tersas pestañas
rizadas y ese misterio de fe que sería
comer su carne, beber su sed:
        Mirabas—su perfil contra los rojos
del altar—, dios sobre dioses, el mío.
Luego verte sentar, pararte, en sabio rito
arrodillarte con soltura fehaciente porque acaba
de nacer el Niño, nuestro Señor. Y tu pelo,
¿cómo escribirlo?, mulato en la parroquia de
San Francisco de Sales, joven limpio de rostro
con tu imberbe bigotico a punto de comulgar, te
levantas, volteas un tanto, con tus ojos sonríes—
me convidando a participar y te sigo
—palomas son mis ojos, su cuerpo racimo colgante

Not even childhood, premature agedness assuming
a false innocence and hiding its fear.

Nor those four letters I could
pronounce like a magic spell or a salve
will ever be my country again,
though they appear on every official document and to be born
there might have been
sometime, for someone,
an unspeakable celebration.

Vigil in New Orleans

Copper and the Almighty,
eyelids I'd like to confirm with thumb
and index finger, smooth curled
eyelashes and that mystery of faith promised
in the eating of his flesh, the drinking of his thirst:
　　　You gazed, god of gods—his profile
against the reds of the altar—, at my god.
Then to see you sit, stand, in sage ritual
kneel with revealing agility because the Son, our Lord,
has just been born. And your hair,
how should I describe it?, mulatto in Saint Francis
of Sales parish, clean-faced buck
with your peach fuzz mustache ready for communion, you
rise, turn slightly, smile at me with your
eyes, inviting me to participate, and I follow you
—my eyes as doves, his body as a hanging cluster

en las viñas de Engadí—, en mis manos ca-
                                    es,
                           ya siento
la redonda esperma del amor, con índice
y pulgar comulgo:
                    Amén.

Informe presidencial (1.29)

> *Ganado tengo el pan: hágase el verso*
> José Martí

> *para Retamar, desde aquí*

Un poemario me pide una amiga que lea
y me lo traigo a casa para en la paciencia
o fe nocturna que sucede al pan de exilio leerlo.
Empiezo y unos versos me hablan de poesía
a expensas y a pesar de la vida, me cuentan
de una belleza azul que siempre derrocará lingotes, tiranos,
prisiones, crematorios y piedras sacrificiales,
y, mientras leo, entra mi amigo David y enciende
        distraídamente la tele
donde, corbata rosa, camisa azul pastel—pero este no es el
        azul
que imaginaba Darío, sino uno cosmético como
        sonata de Mozart
para ablandar visualidades—, nuestro señor presidente nos
        habla

in the vineyards of Engedi——, in my hands you f
                                                      all,
                                  I feel
the round sperm of love, with thumb and index finger
I take communion:
                        Amen.

State of the Union Address (1.29)

I have my hard-won bread: let the crafting of verse begin
José Martí

for Retamar, from over here

A friend requests that I peruse a book of poems
and I bring it home so that in the nocturnal faith
or patience that succeeds the bread of exile, I may read it.
I begin, and several lines speak to me of poetry
at the expense of and in spite of life, they tell
of a blue radiance that will always defeat gold, tyrants,
prisons, gas chambers and sacrificial stones,
and while I'm reading, my friend David enters and
        distractedly turns on the TV
where, in pink tie and pastel blue shirt—but this is not the
        blue
imagined by Darío, but a cosmetic hue, like a
        Mozart sonata
designed to tone down vibrant colors——, our Good President
        speaks to us

de guerras sucesivas—y el poemario sin poder evitar la inte-
    rrupción—,
de un bando aquí y otro allá, gritando
en su bien entallado uniforme
que quien no está conmigo está sin remedio alguno contra mí
—pero ¿dónde habré oído yo antes ese tono y esos temas
inmortales?—,
que la justicia, la paz del mundo, es asunto de misiles, granadas
y otra más varia y perfectamente entrenada juguetería
    actual
("and we deliver," me pareció oír, como si se tratara de una
    pizzería de barrio),
y mis dedos cual náufrago se aferran al
    poemario,
donde un verso se ilumina de pronto entre la sombra
oscura que ciernen cada vez más sobre el paisaje:
"Perdónalos, Señor, porque no saben lo que hacen," leo en su
    luz,
                porque la poesía
sólo salva a aquellos y se salva en aquellos
deseosos y capaces de acompañar su camino
a expensas y a pesar de la vida, repito como si pastoreara
                una ganada verdad.

Ya no tan distraído—ha visto
la violencia despedazar por décadas su también lejana
    columna—
David apaga la tele y se acuesta a mi lado:
*"más delicioso tu amor que el amor de las mujeres . . ." Libro
    Segundo de Samuel* (1.26).

(2002)

of endless wars—the book of poems unable to avoid the
        interruption—
of us versus them, shouting
in his well-cut uniform
that whoever is not with me is inescapably against me
—but where have I heard before those immortal
themes and tone?—,
that justice, world peace, is a question of missiles, grenades
and other more versatile and perfectly trained state-of-the-art
        toys
("And we deliver," I think I heard, as if this were an ad for the
        corner pizzeria),
and my fingers, like a castaway, hold tight to the book of
        poems
where suddenly a verse shines through the dark
shadow sifting down upon the landscape:
"Forgive them, Lord, for they know not what they do," I read
        in its light,
                because poetry
only saves those and is only saved in those
willing and able to take her path
at the expense of and in spite of life, I repeat, as if
                shepherding a hard-won truth.

No longer so distracted—he has seen
his also distant *columba* torn apart by violence for
        decades—
David turns off the TV and lies down next to me:
"Wonderful thy love, passing the love of women . . . ," reads
        the *Book of Samuel 2* (1.26).

(2002)

Tasting heaven, siguiendo a Bly

when we see
her at fifteen walking among falling leaves
Robert Bly

Sólo unas raras veces
he saboreado el cielo: cuando el espeso joven bulto
de un atrevido rufián de tez oscura y sincopado
andar, se mueve entre las hojas secas de mi otoño
que él vuelve primavera, e invita con su mano
cóncava a comunión muy dentro en la espesura.
                Sólo esas raras veces
—me lo dice el instinto de lo eterno, la lluvia
mensajera acallando cómplice el chasquido
de nuestros pasos en busca del placer—
sabemos que se puede paladear
el cielo en este mundo, pero también sabemos
—porque de nada serviría dudarlo—
que esos manjares saboreados aquí
son sólo sobras,
           restos,
              migajas caídas por descuido
—o sabe Dios qué azar o qué terca crueldad—
de un banquete todavía mayor al que esperamos
alguna vez
ser invitados.

Tasting Heaven, Following Bly

when we see
her at fifteen walking among falling leaves
Robert Bly

Only on rare occasions
have I tasted heaven: when the thick young mass
of a brazen rogue with dark complection and syncopated strut
rustles in the dry leaves of an autumn
that he converts to spring, and invites me
with his bowl-shaped hand to communion deep in the thicket.
         Only on those rare occasions
—so says my instinct for the eternal, the complicit
messenger-rain muffling the crackling of our footsteps
in search of pleasure—
do we know that one can savor heaven in this world,
but we also know
—because doubting it would be pointless—
that those delicacies relished here
are only leftovers,
     scraps,
       crumbs dropped in carelessness
—or who knows what stroke of fate or supreme cruelty—
from an even more glorious banquet to which we hope
to be invited
some day.

El mejor enemigo

Fijar la Forma. Venerarla.
No lograr concebir aun con constancia
Otra forma mejor. Asirla. Hacerla
Participar de una supuesta
Infinita sorpresa mientras tanto.
Llamarla con un nombre imaginario.
No esperar su respuesta: quedamente
Vestirla,
      Calzarla,
Desearle que sea en su distancia
Una causa mayor,
Y no exigir que viva
Más allá de ese instante suficiente
En que llegue a esplender
Y se desprenda
De sí misma y nosotros,
             Sus mortales
Enemigos.

The Best Enemy

Establish the form. Revere it.
Be unable to consistently imagine
Any better form. Cling to it. Force it
To participate in an alleged
Infinite surprise all the while.
Call to it with an imaginary name.
Don't wait for its response: quietly
Dress it,
      Put its shoes on,
Express to it your hope that it become
In its distance, a greater cause.
And do not demand that it survive
Beyond that sufficient instant
In which it manages to radiate
And breaks free
Of itself and us,
        Its mortal
Enemies.

TR. MICHAEL RAY

87

ÁNGEL ESCOBAR (1957–1997)

El problema

Quién tuviera la cara, o el cuerpo,
como *Bola de sebo y otros cuentos*,
ese libro que Guy de Maupassant, antológico,
para que su mujer, al menos su mujer,
lo atendiera, lo mirara, como a esas
letras que, siendo tan distantes y frías,
la emocionan. Ay, quién fuera
una sola de esas páginas.

Cuba y la noche

Todos los poemas los ha escrito mi esposa;
yo no: yo soy un fugitivo: transpiro, deseo,
aguanto: ¿crees que puedes mirarme sólo así
porque lloro de costado? ¿Quieres ver la nasa,
la red, el nicho donde me cazan y zahieren?
Me zafan, ¿y tú crees que esto no es la malla,
la red donde pervive el pez sobre la rama?
¿No ves la rama, el árbol—hondón muerto
donde se pudre el instante? Me fracturo: esta falla
es todo cuanto hay en mí, blando, duro, viscoso;
y tengo el escozor de la víspera: soy el padre
y la madre; pero no puedo ser mi esposa—

ÁNGEL ESCOBAR (1957–1997)

The Problem

Whoever had the nerve or muscle,
as in *Ball of Fat and Other Stories*,
Guy de Maupassant's book, anthological,
so that at least his wife
might heed him, look at him
as she looked at those letters which, being so cold and distant,
excited her. Oh, that
just one of those pages lived.

TR. BARBARA JAMISON

Cuba and the Night

All the poems were written by my wife;
not me: I flee, sweat, crave,
bear up: you think you can look at me that way
because I'm crying sideways? Want to see the trap,
the net, the wedge where they corner and jeer me?
They let me go, but don't you see that's just another snare,
the net where the fish stays alive on the branch?
Can't you see the branch, the tree—the lifeless dregs-pit
where the moment rots? I break: the fissure
is all I have inside me, soft, hard, viscous;
that and the sting of yesterday: I'm the father
and mother; but I can't be my wife—

los jefes, vacía, quick, viejo George de la estepa,
gatos enmascarados raptando a las princesas negras
vienen a mí: «Dédalo», le masculla la esposa,
y recoge su pelo en una cola que no es más
la de Atila. Sansón Melena es checo; esos no son
proverbios—éste es un **ya** para que venga el parto
y me tire hacia arriba: bueno, bueno, buenón:
casi así como despabilarse y ser sencillo; al campo
queda el divorcio: la trinidad hace su pachanga
hasta el toque, el roce, lo que no rememoro: tengo
fijo que a la mejor manera caen las manecillas
suizas, las jerigonzas japonesas: a mí me las han
robado—corro, corro—: ¿por qué me
        dices córrete?;
mira, yo escucho la pregunta: sorbo a mi esposa, ella
me dicta las palabras sopladas como anillos—
también por mí pintan de azul los hospitales:
la vecina, la nuera, el marcapasos, pozos son,
fueron hechos a mí—puedo estar lelo, puedo caer
y caer; no así la esposa: húndete, huye;
        sopla
la centuria, la trinidad, el triunvirato que así
y aquí me matan.

Poblador

Yo vine al mundo de visita
para crear dificultades.
Puede que sea un ángel o un camello.
Tomo una piedra y sé cuál es, entre todos,
mi resguardo. Amo aún el cuchillo

it's the bigwigs, beat it, pronto, old George of the steppes,
masked cats kidnapping black princesses
come to me: "Daedalus," murmurs his wife,
and pulls back her hair in a topknot that's really
Attila's. Samson is a Czech; these are no
proverbs—this is a **now** for the birth to begin
and haul me upward: yes, yes, yessiree:
almost like snapping out of it, being a single thing; in the field
it's divorce: the trinity whoops it up
until reveille, revelation, things I can't remember: it sticks
in my mind that for accuracy it's Swiss
clocks and Japanese slang: they stole them
from me—I run, I run, why do you run me off?;
look, I'm listening to the question: I'm wild about my wife,
        she
dictates the perfect words to me in whispers—
and just for me they paint hospitals blue:
neighborwoman, daughter-in-law, pacemaker, they're wells,
wells dug for me—I can be addled, I can fall
and fall; but not my wife: dive under, clear out; they're
        whispering,
the hundred men, the trinity, the triumvirate, that thus
and here they'll kill me.

Settler

I came to the world as a visitor
to make trouble.
Maybe I'm an angel or a camel.
I pick up a stone knowing which one, of all of them,
is my protector. I still love the knife

con el que maté a un hombre—lo herí;
pero en mi intención ya lo había matado—
después dos de sus primos, o amigos, o compadres
me mataron a mí; quizá sólo fueron
simples desconocidos, o no: todos los hombres
tienen un parentesco, y todos se conocen;
y ni uno solo es simple.
Tuve una hija a la que tal vez le di el nombre.
En los cines, creí ser mexicano, japonés o italiano.
En la calle fui El Chino. En la infancia,
si es que algo puede llamarse de ese modo,
perdí todos los enlaces posibles con lo real—
fui un huérfano. Me golpearon todo el cuerpo;
pero yo tenía una candela viva. Dormí
en los parques y en el rencor de mis tutores.
Tengo una foto entre uvas caletas donde parece
que soy una persona. No cumplí veinte años.
Amé a más de cien mujeres. Robé en los barrios
altos. Tuve hermanos que padecían su soledad
como si fuera de otros—ahora uno de ellos
me recuerda, con su melancolía desastrosa;
mas yo me aparto de él: puede que haya ido
a la Universidad; pero eso no lo mejora,
y como cree que sigue siendo un hombre
y que está vivo, es un canalla, ruin como tú
y como todos.

I used to kill a man—I only wounded him;
but I'd killed him in my mind—
then two of his cousins, or friends, or buddies
killed me; maybe they were
just strangers, or not: every man
has relatives, and everybody knows each other;
and none of them stands alone.
I have a daughter who might have been given my name.
In the movies I thought I was Mexican, Japanese or Italian.
In the street I was El Chino. In childhood,
if you could call anything that,
I lost all possible link with reality—
I was an orphan. They beat me all over
but a flame stayed lit inside me. I slept
in parks and in my guardians' bad graces.
There's a photo of me by some grapevines where it looks
like I'm a person. I never made it to twenty.
I had over a hundred women. I stole in rich neighborhoods.
I had brothers who suffered their loneliness
as though it were somebody else's—now one of them
thinks back on me in his dreary melancholy;
but I steer clear of him: maybe he went
to College; but that doesn't make him better,
and since he thinks he's still a man
and he's still alive, he's a motherfucker, an asshole like you
and everybody else.

Hilo acosa

Hierro al anhelo, al roce de la melancolía.
Hierro a los ojos que vuelan ante ti
como ninguno. Al pie puesto en la danza,
hierro; y a la mano que no transige ni se cansa,
hierro—; a la cabeza, al plexo, al pulso,
hierro: chasquidos, punto, fiera: golpes,
galope, abuso sobre la espalda del deseo—
herrumbre, pudrición; y a una costumbre,
a un vicio, hierro: dónde poner los párpados—
zahieren, te meten en el frío procaz, sabacanecucho,
idiota: vuelta ante ti: hierro al pájaro,
al duende; mutilado de ti, nada te inventa—
hierro que rechina y salpica, mundo ciego—
hierro, azogue, taladro, cercena, perforando
la dicha, el cránco, el útcro-rompicntc,
huérfano, desmedido, chiquito: un verbo, un verbo
para parar la seña, el arquetipo, la forma—
un verbo, una presencia, alguna zarza al fuego,
granos, una caricia, y no a la harina hierro, no—
por qué entre hierro e hierro la boca del corazón
se aterra—: párale, párale; párate, mendaz Imperio,
fúgate; saca ese atroz punzón de mis entrañas;
déjame al menos sueño, vigilia: este desierto
blanco me aniquila, y cuando llego al borde,
al límite—espejismo, sinfín—, tan sólo encuentro
hierro. Hierro. Hierro.

Stalking Thread

Iron as desired, at the tinge of melancholy.
Iron at the eyes that flutter in front of you
like no one there. At the foot put into the dance,
iron; at the hand that doesn't yield or weary,
iron—at the head, solar plexus, pulse,
iron: clicks, stitch, untameable beast: wallops,
gallop, misdoings behind the back of lust—
rusted iron, putrefaction; to a custom,
or noxious habit, iron: where to put the eyelids—
they scold, put you out in shameless cold, you hick,
you idiot: back again before your eyes: iron at the bird,
the sprite; your maimed self, nothing invents you—
iron that creaks and spatters, blind world—
iron, quicksilver, drill, sunderer, boring holes in
bliss, skulls, womb-burster,
orphan, gargantuan, infinitesimal: a word, a word
to stop the sign, the archetype, the shaping—
a word, a presence, a bush in the fire,
seeds, a loving touch, and no to flour iron, no—
amid iron and iron, the heart's mouth
horror-struck—: make it stop, stop; stop, liar Empire,
begone, pull that hellish needle from my gut;
leave me at least sleep and wakefulness: this pale
desert is destroying me, and when I reach the edge,
the limit—endless mirage—I find only
iron. Iron. Iron.

Frente frío

Tengo eczema en el alma.
La regaría con ácido muriático,
con un poco de seconal o de paciencia.
No quiero que sea de nailon,
ni que me la pongan a bailar
entre un billar y otro. No que se me escurra.
Así podrida la quiero.
Que se me pegue al cuerpo.
Quizá yo pueda ver un paisaje, un día.
Lloro despacio; pero una lluvia de enero
añoro: sí, sí, que borre mi tristeza—
un manto, un paño para taparme el rostro.
No tengo megáfono ni coturnos;
no puedo ser una máscara.
Se me sacude el cuerpo; tiemblo,
me mortifico. Qué es esto que viene por mí—
me anega en lágrimas pardas cual el fango
que dice: "Todavía, todavía." Soy
acaso un mono trágico—
eso es: soy sólo un mono trágico
que no tendría que ver con la gramática.

La fuga

Estoy en la cocina, olvidando,
pausado, mis rastrojos;
sin embargo, me veo estar en la sala,
mirando al verdadero héroe de nuestro tiempo,
la televisión, y me veo, raudo

Cold Front

My soul has eczema.
I'll spritz it with muriatic acid,
plus a little seconal or patience.
I don't want it to be nylon,
I don't want them to make it bounce
from one billiard ball to the next. Or have it slip away.
I like it rotten, the way it is.
And stuck in my body.
Maybe I can see a landscape, someday.
I weep slowly; but I long for a January
rain: yes, a rain to wash away my sadness—
a cloak, a cloth to cover my face.
I have no megaphone or high-flown words;
I can't be a mask.
My body shakes; I shudder,
my life force fades. What is this coming for me—
I'm drowned in brown elemental tears, muddy quicksand
that hisses: "Not yet, not yet." Maybe
I'm a tragic monkey—
that's it: All I am is a tragic
street monkey with no smarts.

The Escape

I am in the kitchen, forgetting,
unhurried, my leavings;
and yet I see myself in the living room,
looking at the true hero of our time,
the television, and I see myself impetuously

abrir la puerta de la calle—y, loco,
salir corriendo, así, desesperado,
hasta
estar en la cocina, olvidando,
pausado, mis rastrojos.

Tu cometido

Todo lo que dices que siendo un hombre
merezco, dámelo ahora. Soy este instante—
no puedo esperar más: en mí sucede
todo el pasado como el arte. No me mires
así. No me atiborres de mañana y mañana.
Mi deseo es hoy. Soy este ahora explícito.
No quiero exquisitez que permita vengarse
de la realidad. Doy por descontado
que soy la realidad; no me toques
con guantes. Se supone que te posea ileso
por poseerme a mí mismo. Mi desnudez
me ha convertido en huérfano. No trates
de vestirme para ocultar la orfandad
del universo. No me dones sofisma y subterfugio
como ojos estrábicos que no ven
más la música. No me ofrezcas
la presbicia de pasado mañana.
No prometas la alegría de vivir
pasada esta hora. No hay más horas
que este astillado espejo en mi garganta.
Ya no te puedo creer. No puedo huir
hacia ese ininteligible ayer que guillotina
el cuello del deseo de ser otro. Ya soy otro—

fling open the door to the street—and run out,
crazed, just as I am, desperate,
until
I find myself in the kitchen, forgetting,
unhurried, my leavings.

Your Mission

Everything you say I, as a man
deserve, give me now. I am this instant—
I can wait no longer: inside me
the whole past streams by as art. Don't look at me
like that. Don't hand me tomorrow and tomorrow.
My desire is today. I am this explicit now.
I want no exquisiteness that takes vengeance
on reality. I am reality,
I take that for granted; don't handle me
with gloves. I'm supposed to possess you, unscathed,
to possess myself. My nakedness
has orphaned me. Don't attempt
to dress me up to hide the universe's
orphanhood. Don't bestow on me your sophistry and subterfuge,
crossed eyes that can't see
music anymore. Don't offer me
the prescience of the day after tomorrow.
Don't promise joys of life
beyond this hour. There are no hours
but this splintered mirror in my throat.
By now I don't believe you. I can't flee
toward that illegible yesterday that beheads
the desire to be other. I am already other

y no lo soy como otro y otros.
Olvida tu parloteo. Y el todo me lo das ahora, o me voy.
De nada servirá que gesticules así.
Con mi bien o mi mal ya parto. Déjame.
Aparta esa máscara de mí, por favor. Y otra vez
por favor, quítate tú de mí, te digo —no me aguantes.

La guardería infantil

Nos han puesto a dormir,
y aquí dormimos.
Nos dicen que vendrá una aya rusa,
una nodriza inglesa,
o una buena hada eficiente, coreana o japonesa.
Nos han metido en cunas,
en camas y camastros,
y en sacos de dormir importados—:
lo importante, dicen, es que durmamos
esto que no es ni el sueño eterno.
Lo quieren, y lo hacemos—
como niños contentos—:
no somos marmotas,
ni estamos en los Alpes altos;
somos, entre otras cosas, adultos ya—
pero otros son los guardadores:
ellos, también adultos, son
los que nos cantan qué seremos—
algo así como alguaciles,
o ediles o serenos o magos—
o es que abogados o enfermeros;
o economistas en este carrusel

and not the way the other and others are.
Enough small talk. Give me all of it, today, or I'm leaving.
Your hand-wringing won't stop me.
With my good or my bad, I depart. Get away from me.
Take this mask from me, please. And please
again, take yourself from me, I tell you—you can't bear me.

Day Care

They have put us down to sleep,
and here we sleep.
They tell us a Russian governess is coming,
or an English nanny,
or a bustling good fairy, Korean or Japanese.
They have put us in cradles,
beds and makeshift pallets,
in imported sleeping bags—:
the important thing, they say, is that we go to sleep
and not even eternal slumber.
They want us to, and we do—
like happy children—:
we're not possums
and we're not high in the Alps;
we are, among other things, already adults—
but others are our keepers:
they, too, are adults
the ones who sing to us of what we'll be—
things like governors,
or town councillors or night watchmen or magicians—
or maybe lawyers or nurses;
or economists on this pretty

bonito del dinero—; y otros son los que fungen
de tutores; pero ellos están en otra parte,
donde nos dicen que está la vida—
la muy púdica siempre estará afuera—;
y no sabemos cómo estarán, así, siendo tutores:
presumimos, un momento antes de dormimos,
que la que hace de Gran Mamá estará viendo
      teleseries,
o haciéndole bolillos al Obispo—
siempre hay un obispo y una puta en el aburrimiento—;
y el que hace de Gran Papá estará en su oficina—
dictando algún decreto que resumirá,
para siempre, El Noticiero de las Nueve,
y lustrando una pistola única—
siempre hay una pistola y un cuchillo en el aburrimiento—;
o, a lo mejor, ellos están, también,
aquí durmiendo—; así no seremos
ni siquiera motivo de una fotografía borrosa,
menos de un video clip que embulle a algún frenético.

Nadie nos mira; Dios no está; no hay Homero.

Nos han puesto a dormir,
Y es verdad que por siempre dormiremos.

merry-go-round of money—; still others serve
as our protectors; but they're somewhere else,
where they tell us life is—
modest creature that always stays outside—;
and we don't know what they're doing there, being protectors:
we assume, just before we fall asleep,
that the one who serves as Great Mamá must be watching
     soap operas,
or making lace for the Bishop—
in boredom there's always a bishop and a whore—
and the one who serves as Great Papá must be in his office—
handing down some decree that will sum up
for all time the Nine O'Clock News,
and polishing a single pistol—
in boredom there's always a pistol and a knife—;
or more likely, they too
have gone to sleep here—; so we won't
even be objects in a blurry photograph,
still less a video clip that will set off some madman.

No one is watching us; God is not here; there is no Homer.

They have put us down to sleep,
and it is true we will sleep forever.

TR. E. BELL

103

Paráfrasis sencilla

Yo pienso, cuando me aterro,
como un Escobar sencillo,
en aquel blanco cuchillo
que me matará: soy negro.

Rojo, como en el desierto,
salió el sol al horizonte:
y alumbró a Escobar, ya muerto,
colgado, ausencia del monte.

Un niño me vio: tembló
de pasión por los que gimen:
y, ante mi muerte, juró
lavar con su vida el crimen.

Cuestiones

No nos quejemos más:
todas las épocas fueron terribles,
todos los tiempos difíciles.
Ahí tenemos un consuelo.
Y, si es que necesitáramos otro—:
que todo vuelva a empezar donde termina
y vuelva a terminar en donde empieza.

Y hay más para el quejoso:
si el tiempo es lineal,

Simple Paraphrase

When I'm afraid I think
like a simple Escobar
of the white knife that
will kill me: I am black.

Crimson as the desert,
a sun rose to the horizon,
illuminated the already cold Escobar
hanging, blank wilderness.

A child saw me. And shuddered
ardently for the afflicted.
As witness to my death, he swore
to erase the crime with his life.

TR. BARBARA JAMISON

Questions

Let's stop complaining:
all eras were awful
all times were hard.
We can take comfort in that.
And if more were needed, there's the fact
that everything starts over where it ends
and ends again where it began.

What's more, complainers:
if time is linear,

tomémonos el café con azúcar;
si es circular, y todo es el retorno de lo mismo,
tomémonos el café con sacarina,
por si acaso;
o renunciemos al café—
porque los pasos que da Dios, sigiloso,
o Ud., o cualquier otra señora, o señor,
hay quien los lee en las heces,
esos malditos trazos que quedan en las tazas,
cuando uno olvida que los cafetos son de Arabia—
donde impera el Islam, y uno se encuentra
con árabes, por supuesto, que, para peor desgracia,
toman su café bien descafeinado.

Yo no tengo dinero;
pero eso es otra cosa.

let's have coffee with sugar;
if it's circular, the eternal return of the same,
let's have coffee with saccharine,
just in case;
or let's give up coffee—
because God's stealthy footsteps
or yours, or any other lady's, or gentleman's,
will be read in the coffee grounds,
those nasty dregs at the bottom of the cup,
when we forget that coffee plants come from Arabia—
where Islam rules and you're among
Arabs, of course, who, unfortunately,
drink their coffee devoid of caffeine.

I'm out of money;
but that's another story.

TR. E. BELL

FELIX LIZÁRRAGA (1959–   )

La ciudad

a K. P. Kavafys

"He arruinado mi vida entre los muros
De esta ciudad enferma, paralítica,
Donde hasta mi alma se ha quedado artrítica
De llantos, maldiciones y conjuros.
Allende el mar encontraré, seguro,
Una ciudad mejor y ya no mítica
Donde podré rehacer mi vida crítica
Y renacer, como aquel Rey Arturo."
Si eso pensaste, date por vencido.
No huyas: la ciudad te seguirá.
Sólo has de cosechar penas y olvido;
Fracasarás lo mismo aquí que allá.
Tú mismo en la ciudad te has convertido:
Eres tú el muro que te detendrá.

Larga es la noche . . .

Larga es la noche, y largo es también el olvido.
Como de un sueño oscuro, despiertas del amor
Y recuerdas tan sólo las cosas que has querido
(Unos ojos, un cuerpo, una risa, un sabor)
Pero no son las mismas cuando el amor se ha ido.
Dichosos los amantes, mientras dura el temblor
Delicioso y terrible y vasto y escondido,

FELIX LIZÁRRAGA (1959–   )

The City

for C. P. Cavafy

"I have wrecked my life within the walls
Of this sick and paralytic city,
I have grown arthritic unto my soul
From curses and conjures and bawls.
Beyond the sea, on some other shore
Lies a better city, one not mythic,
Where I can refashion my critical life
And like King Arthur be reborn."
If such were your thoughts, they are vain.
Give up. Do not flee. The city will follow.
You will reap only hollowness and pain.
Elsewhere or here you will founder and fall.
You have turned yourself into the city:
You yourself are that constricting wall.

Long Is the Night . . .

Long is the night, and long, long
Is forgetting. As from a dark dream
You awake from love, remembering
Only the cherished things
(Eyes, a laugh, a body, its taste)
But these are not the same when love is gone.
Lucky are lovers while the earthquake lasts

Y la alegría penosa, y el risueño temor.
Dichosos los amantes ansiosos y ridículos
Que rompen los teléfonos y no ven los vehículos.
En vano les dedicas sonrisas de ironía
Desde tu belvedere con baño y agua fría.
Los envidias. Quisieras extraviarte otra vez
En la selva profunda donde no hay haz ni envés.

Galileo

Pero se mueve, sí, pero se mueve,
Pero se mueve y seguirá moviendo
Aunque de duros clavos pendiendo
Mi cadáver en esa cruz se eleve.
Aunque Pedro Simón tres veces niegue,
Aunque yo mismo niegue lo evidente,
No cesará en su curso la corriente
Y calor dará el fuego adonde llegue.
Las cosas son, por mucho que se intente
Decir que no, que no, que así no debe
Ser, y son lo que son, y tercamente
Es fuego el fuego y la nieve es nieve.
Puede el juez castigar; que el monje ruegue:
Pero se mueve, ay, pero se mueve.

Vast, delicious, terrible, concealed,
And the arduous happiness, the smiling fear.
Lucky are lovers, ludicrous, classic,
Breaking their telephones, blind to the traffic.
In vain you feign a mocking sneer
From your cold-comfort belvedere.
You envy them. You want to drown
Again in that deep jungle where there's neither up nor down.

Galileo

But it moves, yes, but it moves,
It moves and shall continue to,
However high you lift my corpse
Nailed so grimly to this cross.
Even if Peter thrice deny, or I
Myself deny what is plainly so,
The current will not cease in its course
And fire will everywhere be hot.
Things are—no matter we say no,
And nay, they should not
Be thus—and are just what they are.
Snow is obstinately snow, and fire is fire.
Let the judge punish and reprove,
Have the monk pray. But it moves,
Ah, but it moves.

Excalibur

pero tú fuiste oscuro paso vivo
Cecilia Aguiar

Si no estuviera solo, no escribiera estos versos.
El amor de una noche, o de tres, o de nueve,
O de un año, o de muchos, es demasiado breve
Para mí, y tiene siempre anversos y reversos,
Su poso de té amargo después de la colada.
Nada me colma, nada. Soy como un hondo hueco
Donde ya tantas cosas cayeron, donde el eco
Es todo lo que queda. Y soy como una espada
Clavada en una piedra que espera por la mano,
Esa mano entre todas, que habrá de manejarla.
Tengo una edad difícil; no es tarde ni temprano.
En fin, no soy dichoso. Es por eso que escribo.
(La dicha no se escribe, nos basta con danzarla.)
Aun así, no me quejo; oscuro, paso, vivo.

Los panes y los peces

I

Yo, que vendo los peces para ganarme el pan,
Descubro la imprecisa urdimbre de las cosas.
The customer is asking: How much would a pound be?
(How many angels fit in the cup of a kiss?)

Corto la carne noble que en Cuaresma no es carne,
La peso en la balanza, la pongo en su envoltorio.

Excalibur

but you were an obscure, lively passage
Cecilia Aguiar

If I were not alone, I would not write these lines.
The love of a single night, or three, or nine
Or of a year, or many, is much too brief for me
And always involves its reverse and obverse,
Its bitter dregs left in the filtered tea.
Nothing contents me, nothing. I am a gaping gorge
So much has fallen into and dispersed
But for the echo. I am like a sword
Cleft in a stone and waiting to be yielded
To that one hand, of all, that is to wield it.
I'm at an awkward age, neither early nor late.
In sum, I have no joy. And so I write this.
(Joy isn't written: dancing it suffices.)
And yet I pass. Alive. Obscure. Without complaint.

Loaves and Fishes

I

I, who sell fish to earn my bread,
Discover the shadowy scheme of things.
The customer asks: How much would a pound be?
How many angels fit in the cup of a kiss?

I cut the noble flesh that is not flesh in Lent,
Weigh it on the scale, place it in its wrapping paper.

Las langostas del Maine al fondo de su tanque
Parecen indefensos gladiadores romanos,
Héroes de Homero ahogados en el sitio de Troya.
El comprador pregunta cuánto vale la libra.

Algún rostro me trae ecos de la belleza
Mientras mi mano cuenta los ávidos mariscos,
Pétalos de una rosa deshecha, innumerable.
Me pregunto si el alto mostrador de los peces
No es el puente que fluye sobre un río detenido,
Si el rostro que el metal del mostrador refleja
Será el rostro que tuve antes de haber nacido,
Cuántos ángeles caben en el cuenco de un beso.

II

Yo, que hoy corto los peces, escribí en otra vida
Cuyo recuerdo guardo: He de nacer de nuevo.
El Azar, o el Destino, o la Misericordia
Que llamamos María o Avalokiteshvara,
Obraron el incierto milagro. El palimpsesto
De rostros que ahora soy (Tiresias simultáneo
O Jano transparente o indeciso centauro)
Se sujeta del pez y del cuchillo como
De los barrotes que arman la cárcel de una cuna.
Barrotes, balaustradas, certidumbres, atisbos,
Franjas de un vasto tigre de oro y sombra áspera.

III

(Aporías, paradojas medievales, absortas
Ecuaciones del Zen, sensaciones, memorias,

Maine lobsters at the bottom of their tank
Look like defenseless Roman gladiators,
Homeric heroes drowned in the siege of Troy.
The customer asks how much a pound would be.

A face brings me echoes of beauty
While my hand counts out the eager clams,
Numberless petals of a shattered rose.
I ponder the tall showcase of fish
As a bridge across a river suspended in time,
And the face the metal countertop reflects
As perhaps a face I wore before this birth,
How many angels fit in the cup of a kiss.

II

I, who today cut fish, in another, still-remembered life
Wrote: I am to be reborn. Chance or Fate or Mercy
That we call Mary or Avalokiteshvara
Has worked this unsure miracle. The palimpsest
Of faces I am today (simultaneous Tiresias,
Transparent Janus or centaur undecided)
Grips the fish and the knife like
The cell bars of a cradle.
Bars, balustrades, certainties, inklings,
Stripes on a giant tiger made of gold and jagged shadow.

III

(Aporias, absorbed Zen equations, medieval
Paradoxes, memories, sensations,

El amor no encontrado, la agonía, la esperanza,
Cosas sin ningún nombre: todo es echado al fuego
Del crisol o el caldero donde se hace el poema.)
Buscando signos, vuelvo la hoja del cuchillo.
El hígado del pez es otro espejo humeante.
¿Cuántos ángeles caben en el cuenco de un beso?
El comprador pregunta cuánto vale la libra.

Mea culpa, Félix culpa

Yo, ni más vil ni menos vil que nadie,
Me declaro culpable. Ciertamente
Soy el secreto, el único culpable
Del llanto de aquel niño en la ventana,
De la imperfecta rosa que no nace,
De la lluvia plomiza en este invierno.
He de pagar el precio de la culpa
Que arrastro desde siempre como un fardo,
Como se arrastra a nuestros pies la sombra.
Como una dura losa de sepulcro
Al centro de mi ombligo encadenada.
He de pagar el precio de mi culpa.
He de aceptar el cáliz, la cicuta,
He de colgar del árbol nueve noches,
He de arrancarme un ojo que ha pecado.
He de arder en el fuego jubiloso.
He de nacer de nuevo.

Love unfound, and agony, and hope,
Things without names
All of it tossed on the fire
Beneath the crucible or cauldron
Where the poem is taking shape.)
Seeking a sign, I turn the knife blade.
The fish liver is another steaming mirror.
How many angels fit in the cup of a kiss?
The customer asks how much a pound would be.

Mea Culpa, Félix Culpa

No more or less wicked than anyone else,
I declare myself guilty. In truth
I bear the sole and secret blame
For the tears of a child at a window,
For the faulty rose that fails to bloom,
For this winter's wretched rain.
I am to pay the price of the guilt
I have dragged along forever like a weight,
As shadow drags behind our heels.
Like a granite gravestone pulled by a chain
From my navel.
I am to pay the price of my guilt.
I am to accept the cup, the hemlock,
I am to hang nine nights from the tree,
I am to pluck out the eye that offendeth.
I am to burn in the jubilant flames.
I am to be reborn.

San Sebastián

Ha inclinado su rostro de doncella
Sobre su vasto pecho de guerrero;
No ha perdido su gracia en el postrero
Abandonarse al dardo que lo huella.
Una legión de flechas rasga aquella
Carne sagrada como el pan, y entero
Se ofrece al duro vendabal de acero
Como se ofrece el cielo a cada estrella.
Se hunde la muerte en él, y no se queja,
Sino que una sonrisa se bosqueja
En la joya perfecta de su boca.
Se hunde la muerte en él, y no lo toca
Aunque caiga su frente como un lirio:
El dardo es él, y nuestro es el martirio.

Hacer el amor

Yo he sentido el amor: yo lo he sentido
Como un leopardo o un león o un lobo hambriento
Devorando mi vida; o como un viento
Que me dejó desnudo, solo, herido.
Con los años, no obstante, he conocido
Que hay un remanso suave, un tierno invento
Con el que siempre toda pena ahuyento:
Un bálsamo de luna que he bebido.
Es hacer el amor. Es el sencillo
Juntarse de dos cuerpos en la sombra

Saint Sebastian

Now he has bowed his damsel's face
Upon his massive warrior's chest
Surrendering nothing of his grace
In his abandon to the dart.
Legions of arrows pierce that flesh
Sacred as bread, offered entire
Unto the hail of steel, the way the sky
Offers itself to every star.
Death lodges in him; he makes no plaint
In fact it seems a smile flits
Across the perfect jewel of his lips.
Lodges in him, yet does not taint
Or even touch him, though his brow
Droop like the lily: He is the dart,
The agony is ours.

Making Love

I have known love, known it like a lion
Or leopard, a ravenous wolf devouring
My life; or like a howling
Wind that leaves me naked, wounded, lone.
With the years, however, I have also known
There is a calming haven, a tender device
That puts all pains to flight:
A lunar balsam I imbibe.
It is just making love. It is the plain
Uniting of two bodies in the dark

(O en la penumbra o en la luz, que es pillo
El amor juego, el dulce, el sin tortura).
Es terremoto que jamás escombra,
Es flecha que no hiere sino cura.
Como dos fierecillas que jugaran,
Como dos frutas que se saborearan.

Bayazid de Bistán, poeta sufí, 874 A.D.

Soy El que bebe el Vino, soy el Vino
Y soy también la Copa y el Copero;
Soy Zeus y el joven Ganimedes, pero
También Beatriz y el Dante florentino.
Yo soy Tristán e Isolda, y el divino
Amante de Teresa, y soy Quien muero
Porque no muero; y soy aquel sincero
Narciso que el espejo hizo camino.
Soy todos los amantes y ninguno;
Soy el Amor, que es serlo Todo y Nada,
El Bebedor, el Vaso y la Ambrosía.
Soy el Pie y el Destino y soy la Vía:
En la Naturaleza enamorada,
Amor, Amar y Ser Amado es Uno.

(Or dimness, or broad daylight, for a lark,
Love's sweet, untortured, playful strain):
An earthquake that wreaks anything but ruin,
An arrow-shot that heals instead of wounds.
Like two wild cubs at play together,
Like two fruits that peel and taste each other.

Bayazid of Bistan, Sufi Poet, 874 A.D.

I am He who drinks the Wine, I am the Wine.
I am the Cup and also the Cup-Bearer.
I am both Zeus and Ganymede the fair
But Beatrice, too, along with Alighieri.
I am Tristan and Isolde, and the divine
Lover of Saint Theresa. It is I
Who die because I do not die; and too,
Sincere Narcissus, the mirror's avenue.
I am all the world's Lovers and None.
I am Love, which is to be Nothing and All,
The Drinker, the Ambrosia and the Glass:
Foot and Destination and the Path.
In enamored Nature's sums
Love, To Love and To Be Loved are One.

Tomorrow and tomorrow

Macbeth, V, 4.

Mañana, y mañana, ay, y mañana,
Y de nuevo mañana persiguiendo
Otro mañana, y otro, y sigo viendo
Un mañana, un mañana, y un mañana.
En vano espero desde mi ventana
Mirar que el bosque venga ya subiendo;
Quiero morir, peor aún sigo viviendo;
Quiere perder mi brazo, y siempre gana.
La vida es sólo un cuento de camino
Lleno de estruendo y furia y blablablá
Que narra un tonto y nada significa,
Una sombra que pasa, y es la mimica
De un actor que recita y que se irá:
Estar atado a ella es mi destino.

Romeo y Julieta

Alondra o ruiseñor, ya poco importa.
Ya no despertarán. Larga es la noche
Que ahora los cubre, tanto como corta
Fue su vida y su amor. En vano el coche
Diminuto de Mab vuela en lo oscuro
Y deshoja en su tumba sueño a sueño.
Tampoco soñarán. No quiso el duro
Hado darles sino daga y beleño
Por dote de su unión. Ya todos lloran,
Capuletos, Montescos y comparsas,

Tomorrow and Tomorrow

Macbeth, V, 4.

Tomorrow, and tomorrow, ah, and tomorrow,
And again tomorrow, on the heels
Of another tomorrow, another, and still
I spy a tomorrow, tomorrow, tomorrow.
I hover vainly at my windowsill
In wait to see the woods arise;
Wishing to die, I find myself alive;
My arm desires to lose, and never fails
To triumph. Life's but a dubious tale
Full of sound and fury and blahblahblah
Told by an idiot, signifying naught,
A walking shadow, mimicry wrought
By an actor who declaims his bit
And then is gone. My fate is to be bound to it.

Romeo and Juliet

It matters little, nightingale or lark.
Now they will not awake. Long is the night
That blankets them, long as their lives
And love were short. For naught
Mab's tiny coach flits in the dark
And on their tomb the Queen unpetals
Dream on dream. They won't be dreaming.
As dowry for their union, callous fate
Proffered them henbane and daggers. Now all are keening,
Capulets, Montagues, chorus; now the Prince

Ya el Príncipe discursos improvisa.
Es tarde, es tarde; en vano se demoran.
No los revivirán rosas ni zarzas,
Palabras o mudez, llanto ni risa.

Luna en el agua

Rayuela, 7

Puedo escribir los versos más tristes esta noche,
Dijo alguien una vez, y pienso que esa noche,
Al escribir sus versos, se sentía exactamente
Como me siento ahora. Sus versos y mis versos
Tienen el mismo aire de adiós a todo esto.

Me he sentado en un lago, a la orilla de un lago,
Y he mirado la luna tendida sobre el agua.
(La luna reflejada, pensaba, es la del cielo.)
He tocado esa luna con mis dedos de insomnio,
Con mis dedos de ciego, de maestro alfarero,
Mis dedos de suicida: he tocado la luna
De tu cuerpo en la sombra, tu cuerpo tan liviano
Que no siento su peso. Las aguas del abismo
Reflejaban mi rostro secreto, y engañado
Pensé que era tu rostro el rostro que miraba
En las aguas del hondo espejo de la luna.

El perfil de tus pechos es una media luna,
Luna llena en la mano: rosa del plenilunio
Es tu pezón pequeño, tu pezón opalino.

Extemporizes speeches. Late, too late,
In vain they wait and linger after.
Nor rose nor thorn can bring them back to life,
Nor words, nor wordlessness, lament nor laughter.

Moon in the Water

Rayuela, 7

I could write the saddest verse tonight,
Someone once said, and I think tonight,
That when he wrote that line, he felt exactly
The way I feel right now. His verse and my verse
Exude the same farewell to all of this.

I have sat by a lake, on the shore of a lake,
Watching the moon stretched out across the water.
(The reflected moon, I mused, is the one in the sky.)
I have touched the moon with my insomniac fingers,
My blind man fingers, master potter fingers,
My suicide fingers: I have touched the moon
Of your body in the dark, so light
I cannot feel its weight. The abyssal waters
Reflected my secret face, and by mistake
I thought it was your face, the face that gazed back
From the waters of the moon's deep mirror.

The profile of your breasts is a half moon,
Full moon in the hand: a full-moon rose
Is your tiny nipple, your opalescent nipple.

Quisiera hundirme en ti, hundirme nuevamente
En tus aguas de azogue, de temblor, de crepúsculo.

He tocado la luna de tu cuerpo en la sombra
Creyendo que tocaba la luna verdadera.
(La luna reflejada, pensaba, es la que riela
En las aguas del cielo; el cielo, ese otro abismo.)
Me engañaba el reflejo de mi rostro secreto.
La puerta de tu vientre se abre sobre la nada.

I want to sink into you, sink again
In your waters of quicksilver, earth-tremor, twilight.

I have touched the moon of your body in the dark
Believing I was touching the true moon.
(The reflected moon, I mused, is the moon that glints
In the waters of the sky; the sky, that other abyss.)
My secret face reflected fooled me.
The door to your body opens on the void.

TR. E. BELL

ROLANDO SÁNCHEZ MEJÍAS (1959–   )

Antropológica

la carne de cerdo
te hizo daño
y anuló
el compromiso

no sé
si sabías que
los tsembaga de Nueva Guinea
en sus fiestas
matan cerdos
y más cerdos
unas 15.000 libras
que luego distribuyen

ese día
los tsembaga
y los enemigos de los tsembaga
gimen bailan jadean
es decir ciclos
de paz y de guerra
sobre
montañas de cerdos

te contaba esto
para que supieras
cuánta economía
subyace en el amor

ROLANDO SÁNCHEZ MEJÍAS (1959–)

Anthropological Piece

the pig meat
got you sick
and revoked
our pact

I don't know
if you knew
the Tsembaga of New Guinea
on their feast days
kill swine
and more swine
some 15,000 pounds
then hand it around

that day
the Tsembaga
and the enemies of the Tsembaga
moan dance pant
that is cycles
of peace and war
over
mountains of swine

I thought I'd say
so you knew
the scale of economy
that underpins love

Jardín zen de Kyoto

Sólo un poco de grava inerte
quizá sirva para explicar
(al fin como metáfora vana)
que la dignidad del mundo consiste
en conservar para sí
cualquier inclemencia de ruina.

El monje
cortésmente inclinado
quizá también explique
con los dibujos del rastrillo
que no existe *el ardor*,
solamente el limpio espacio
que antecede a la ruina.

Alrededor del jardín
en movimiento nulo
de irrealidad o poesía
pernoctan
en un aire civil de turistas y curiosos
sílabas de sutras, pájaros que estallan sus pechos
contra sonidos de gong. Todo envuelto
en el halo de la historia
como en celofán tardío.

El lugar ha sido cercado:
breves muros y arboledas
suspenden la certeza
en teatro de hielo.

The Zen Garden in Kyoto

A handful of inert gravel
perhaps might explain
(yet another metaphor in vain)
how mundane dignity consists
in keeping to oneself
any inclemency to ruin.

The monk
bows politely,
perhaps also explains
via the drawings of his rake
how *ardor* doesn't exist,
only the clean space
that precedes ruin.

In a zero movement
of poetry and unreality
perambulate
around the garden
in a civilian traffic of tourists and bystanders
syllables of sutras, birds bursting their breasts
against a resonance of gongs. All wrapped
in the halo of history
as in late cellophane.

The spot is enclosed:
slight walls and arbors
suspend certainty
in a theater of ice.

La cabeza rapada del monje
conserva la naturaleza de la grava
y de un tiempo circular, levemente
azul: cráneo de papel
o libro muerto
absorbe el sentido
que puede venir de afuera.

En la disposición de las grandes piedras
(con esfuerzo
pueden ser vistas
como azarosos dados de dioses
en quietud proverbial)
tampoco hay *ardor*. Sólo un resto
de cálida confianza
que el sol deposita
en su parodia de retorno sin fin.

La muerte
(siempre de algún modo poderosa)
podría situarnos
abruptamente dentro
y nos daría, tal vez,
la ilusión del *ardor*.

Como mimos, entonces,
trataríamos de concertar
desde el cuerpo acabado
el *ninguna parte donde hay ardor alguno*
en el corazón secreto
que podría brindar el jardín.

The monk's skin-head
retains the nature of the gravel
and of a circular, light blue
time: paper skull
or dead book
absorbs the meaning
that might come from outside.

In the disposition of the large stones
(with effort
they can be seen
as aleatory dice of gods
proverbially still)
there's no *ardor* either. A mere scrap
of tepid trust
that the sun deposits
in its parody of endless return.

Death
(always powerful somehow)
might abruptly
locate us inside
and give us, perhaps,
the illusion of *ardor*.

Like mimes, then
we'd try to harmonize
from the expired body
the *nowhere where lies some ardor*
in the secret heart
the garden might surrender.

Pero hay algo
de helada costumbre
en el jardín
y en el ojo que observa.

Es posible que sea el vacío
(¿por fin *el vacío*?)
o la ciega intimidad
con que cada cosa responde
a su llamado de muerte.

Y esto se desdibuja
con cierta pasión
en los trazos del rastrillo,
junto a las pobres huellas del monje,
entre inadvertidas cenizas de cigarros
y otras insignificancias
que a fin de cuentas
en el corazón del jardín
parecen caídas del cielo.

But there's a hint
of icy habit
in the garden
and in the watching eye.

It is possible it's the void
(at last *the void*?)
or the blind intimacy
which is each thing's response
to death's summons.

And this is blurred
with a degree of passion
in the lines of the rake
by the monk's sad footsteps,
among the unnoticed cigarette ash
and other trifles
that all said and done
in the heart of the garden
seem descended from heaven.

Pabellones

La enferma se pasea como un pájaro devastado. Es pequeña, voraz y su labio superior, en un esfuerzo esquizoconvexo y final, se ha constituido en pico sucio. Por otra parte (muestra el médico con paciencia): "esos ojitos de rata." Tampoco el director (de formación brechtiana) deja de asombrarse: "Perturba la disciplina con sus simulacros. De vez en vez logra levantar vuelo. Claro que lo haría simplemente de un pabellón a otro. Pero, comoquiera, representa un problema para la Institución."

Problemas del lenguaje

Yo que tú
no hubiera esperado tanto.

Esperabas que yo fuera
a la cita donde hablarías de la palabra *dolor*.
De allá para acá
(el tiempo corre, querida,
el tiempo es un puerco veloz
que cruza el bosque de la vida!)
han pasado muchas cosas.

Entre ellas
        la lectura de Proust.
        (Si me vieras.
        Soy más cínico más
        gordo y
        camino medio lelo
        como una retrospectiva de la muerte.)

Wards

The patient walks like a ravaged bird. Small, voracious, and her top lip, in one final schizoconvex effort, has constituted itself as a dirty beak. On the other hand (the doctor points out patiently): "those ratty little eyes." Neither does the director (a Brechtian by training) fail to be shocked: "She and her simulations disrupt discipline. Occasionally she manages to take flight. Of course she'd only do so from ward to ward. But whatever, she represents a problem for the Institution."

Problems of Language

In your shoes
I wouldn't have waited so long.

You were hoping I'd come
to the date where you'd speak of the word *pain*.
Since then
(time runs by, darling,
time's a pig swiftly
crossing the forest of life!)
lots has happened.

Including
    the reading of Proust.
    (If you could see me.
    I'm more cynical
    fatter and
    walk half-witted
    as if a retrospect of death.)

Yo que tú no hubiera esperado tanto
y me hubiera ido con aquel que te decía
con una saludable economía de lenguaje:
cásate conmigo.

(Ahora me esperas. Y yo
no sabría decirte nada
y tú
sólo sabrías hablar
y hablar
de la palabra *dolor*).

    Cuando supe que el lenguaje
era una escalera para subir a las cosas
(uno está arriba
y no sabe cómo bajar
uno está arriba
y se las arregla solo)
decidí no verte más.

       *

    Nadie posee
una lengua secreta.
Ni los hopi
ni los dogones.

    Nadie posee
una infinita reserva
de juegos de lenguaje
(¡corta es la vida
y el tiempo es un puerco!).

In your shoes I wouldn't have waited so long
and would have gone off with the guy who said
with a healthy economy of language:
marry me.

(Now you await me. And I
wouldn't know what to say
and you could only speak
and speak again
of the word *pain*).

　　When I discovered language
was a ladder to climb to things
(one is up
and doesn't know how to get down
one is up
and sorts things oneself)
I decided not to see you again.

　　　　*

　　No one owns
a secret language.
Neither the Hopi
nor the Dogons.

　　No one owns
an infinite reserve
of language play
(life is short,
time's a pig!).

Voy a preguntarte
la función del color *blanco*
en nuestras vidas.

A ver si nos entendemos.

Heimat

a José Lezama Lima

No se vio ningún tártaro partir
la línea occipital del horizonte.

Ni un bárbaro de aquellos
jalando con sogas de yute
jabatos de peso mediano.

Ni tocando trompeta.
En el bosque.
A nadie.

Ahora
Lingua Mater sustenta y amortaja,
su boca húmeda y esponjosa
prodigándonos afectos para-
sintácticos y hasta
locales.

In situ: se sigue bailando
con o sin zampoña y se escribe
bellamente aún al compás de

I will ask you about
the function of the color *white*
in our lives.

Let's see if we can see eye to eye.

Heimat

to José Lezama Lima

No Tartar was seen cleaving
the occipital line of the horizon.

Nor a single barbarian
hauling on ropes of jute
boars of middling weight.

No trumpet playing.
In the forest.
Nobody.

Now
Lingua Mater sustains and shrouds
his moist, spongy mouth
showering on us para-
syntactical, nay
local reflexes

    In situ: they still dance
with or without panpipes and write
beautifully even to the tune of

y va escabulléndose (va cayendo el telón)
uno con
la bípeda y/o loca velocidad que va dictando
el estado de las cosas.

Un registro de vozes tan amplio
quién te lo iba a quitar, menos que menos
a escribir, por ti, por los demás,
padre mío que nadas como un tonel
en la corriente brumosa de las palabras.

Ahora,
rema.

Es decir parte
y tápate las gordas orejas
y rema, rumbo al poniente.

(No escuches viejo chillar
en el canal que corta el mar
dichas ratas de agua dulce).

and one makes oneself scarce (the curtain's falling),
with
the bipedal and/or mad speed the state of things
dictates.

Such a broad register of kickshaws,
who could take it from you, let alone
write, in stead of you, of everyone,
my father who swims like a barrel
on the misty stream of words.

Now,
row.

That is clear off
and cover your fat ears
and row, westward ho.

(ignore old friend squeals
in the canal the sea dissects
so-called sweet-water rats).

TR. PETER BUSH

143

ROGELIO SAUNDERS (1963–)

Desexilio de Diógenes

Me escapé
del interminable
cañaveral,
y ahora estoy
mirando la
oigopa
de antiguos parapetos,
los
pastos verdes sin fin
bajo los cuales
sin duda
fluyen también
el silencio
el olvido
y la sangre.

Nada cesa
aquí
donde todo
de algún modo
ha muerto.
Hay un pueblo invisible
bajo los rieles.
Canciones nocturnas
que ascienden
como fuegos fatuos.
El rastro

ROGELIO SAUNDERS (1963–   )

Disexile of Diogenes

I escaped
the interminable
cane fields,
and now gaze on
U-rope
from ancient parapets,
the endless green pastures
under which
no doubt
flow
silence
forgetfulness
and blood.

Nothing ends
here where everything
in some way
has died.
There's an invisible village
beneath the rails.
Nocturnal songs
which rise
like will-o'-the-wisps.
Poetry's
fiery wake
is an enormous dead weight.
The unsonorous cadaver

de fuego
de la poesía
es un gran peso muerto. El
insonoro cadáver
que arrastra un pálido
asesino,
indigno del antiguo
y fiero
oficio
del guardabosques.
No hay ningún hacha
enterrada
bajo los abedules.
Sobre el relumbre indiscreto
del paisaje
fluye, como una marquesina,
la vieja
consigna: *Tempo fugit.*
Rostros antiguos
y vacíos. Excavados
por una angustia
demasiado
sostenida,
por un sueño
demasiado vasto
y confuso
y sórdido. El
sueño del corazón
hinchado
por el ansia romántica.
El tullido
yo errante de las alcantarillas,

that a pale assassin
drags along,
unworthy of the ancient
fierce
profession
of forester.
There's no axe
buried under the birches.
Above the indiscreet
luster of the landscape
the old watchword:
Tempus Fugit
flows like a marquee.
Ancient, empty
faces. Excavated
by a too sustained
anguish,
by a dream
too vast,
confused,
and sordid.
The dream of the heart
swollen
with romantic anxiety.
The crippled,
rambling I
of the sewers,
the irrepressible
shadow of nerval
with his unmasted
albatross-lobster,
strolling next to

la
indetenible
sombra de nerval con su
desarbolado
albatros-langosta,
pasando junto a un
chansonnier que silba,
último hombre en pie,
soberbio,
con la giganta-niña
a sus pies,
ahita de semen,
oh noche impar de la hecatombe,
del gran toro ciego que baila
dormido en medio del aguacero,
perplejo entre los barriles que ocultaban
a la gorda dietrich de su amante
tuberculoso y epiceno,
hoy más que nunca tú eres eso,
tú, la charca, la claridad
glauca de la epidemia,
el sol amarillo flotando en la
sorda pupila del judío
de nariz hinchada,
roja contra el cristal sin brillo del bistrot,
grandioso incomprendido vástago del
siempre póstumo
papa goriot
solo en la estepa veloz
con su caspa de hielo y su boca
indescriptible

a whistling chansonnier,
the last man standing,
haughty,
the girl-giant
at his feet
gorged with semen,
oh odd-numbered night of the
hecatomb,
of the tremendous blind bull
dancing asleep
in a downpour,
perplexed among the
barrels hiding
fat dietrich from her
tubercular, epicene
lover,
today more than ever
you are that,
you, the pond,
the glaucous clarity of the epidemic,
the yellow sun floating in
the muffled pupil of the
thick-nosed jew,
red against the lusterless window pane
of the bistro,
grandiose misunderstood
offspring of
forever posthumous
papa goriot
alone on the swift steppe
with its scab of ice

abierta
y muda.

Ya sé que nadie
podría decirnos
quiénes somos.
Mudos y anónimos
entrechocamos los codos
insomnes
en la barra inexistente
al sordo desleírse de pasos
de caballos
que tampoco existen.
Hay huecos de obuses
por todas partes,
y el brillo dudoso
de las alcantarillas.
Ese hedor temible
hoy sin valor alguno,
al cabo de todas las tragedias.
Como si hubiera
inadvertidamente, advenido
una tragedia última
de colosales
dimensiones
y de
incalculables
consecuencias.
Tragedia
invisible.
Muerte
invisible del hombre,

and indescribable
mouth
gaping
and mute.

I know now that no one
will be able to tell us
who we are.
Anonymous and mute
we knock sleepless elbows
at an imaginary bar
to the muffled hoofbeats
of horses
that don't exist either.
Everywhere holes
from howitzers
and the dubious sheen
of the sewers.
That dreadful stench
today worth nothing,
at the end of all the tragedies.
As if there had arrived,
inadvertently,
a final tragedy
of colossal dimensions
and incalculable
consequences.
Invisible tragedy.
Man's invisible
death,
changed into simile,
into pure, paltry

cambiado en símil,
en puro de
signio nimio. En
tintineante
círculo de latón
que
rota y ríe
callejuela abajo
perseguido
por una muchedumbre
de números.
La gran cara del payaso o
simple
clown de invisibles
rayas. Rayado
por el retardado
sol, caminando
hacia atrás
o
desesperadamente
hu
yendo con
todos los
invisibles otros
de ansiosas
bocas sedientas, de bocas
de guillaume, de caras
rajadas a cuchillo,
distendidas
a fuerza de olvido,
de inimaginable
lentitud

de-sign.
Into a clattering
brass circle
that rotates, laughing,
down the alley,
pursued by a mob
of numbers.
The huge face of the clown or
simple
jester
with invisible
stripes. Striped by the
held-back sun, walking
backwards
or desperately
flee-
ing with all the
invisible others from
thirsty, anxious mouths,
mouths of guillaume,
faces sliced by a knife,
distended by dint of
forgetfulness,
by unimaginable
languidness
and drought,
and the dream
of the heartstrings,
with explosive burdens
fallen at awkward moments
and thunderous sidewalks
that move

y sequía,
y sueño
de entretelas,
de fulminantes
fardos
caídos a destiempo
y de
fragorosas aceras
que avanzan
hacia el vacío,
llevando enseres
opacos, y listas
agujereadas,
como
artificiosos
restos del día.

Las aves
y las rosas
electrocutadas en los alambres
ladran un discurso
sin sílabas
a la luna de cartón-piedra.
Diógenes ha vuelto
con una linterna
de luz negra.
Lo siguen cinco estúpidos
alabarderos mecánicos
devotos de sturlusson
y su inútil
balbuceo en la estepa,
en el ondulado

toward the void,
carrying opaque implements
and punctured lists,
like
the artificial
remains of the day.

The birds
and the roses
electrocuted on the wires
bark at the cardboard-stone
moon, a discourse
without syllables.
Diogenes has returned
with a lantern
of black light.
Five idiotic
mechanical halberdiers
follow him,
devotees of sturlusson
and his futile
stammering on the steppe,
on the rippled zinc of great battles.
The art of the bards
has died in the lattice
of the cressets.
We won't bequeath anything
to our descendants.
We'll exalt to magi and sacrum
the imitation
of bacterias,
small and triumphant

zinc de grandes batallas.
El arte de los bardos
ha muerto en la celosía
de los almenares.
No legaremos nada
a nuestros descendientes.
Elevaremos
a magi y sacrum
la imitación
de las bacterias,
pequeños y victoriosos
como siempre
en medio del charcutante
doppeluniversum.
El hilo rojo nos guía
por entre la selva oscura.
Pero también
de él prescindiremos
en el instante
salvaje de la libertad.
Los que deben morir
morirán. Y des-a
parecerán.
Es así. Será así.
Ya tenemos
la mirada rapidísima
de la rata
y el olor eterno
de los suicidas-niños.
Miro el alba
con mi falsa cabeza
de bronce

as always
in the middle of
the pork-butchered
doppeluniversum.
The red thread guides us
through the dark woods.
But it too
will be dispensed with
in the wild instant
of liberty.
Those who must die
will die. And dis-appear.
That's how it is. That's
how it will be.
Now we have
the split-second gaze
of the rat
and the eternal odor
of the child suicides.
I gaze at the dawn
with my fake head
of bronze
and my completely round
eyes,
rectilinear spheres.
All the heroes have
died.
The tin-plate butterflies
fly with rabid iridescence
above the demolished
tomb of the comet-idol.
Its red, enormous laughter

y mis ojos
completamente redondos,
rectilíneos-esféricos.
Todos los héroes
han muerto.
Las mariposas de hojalata
vuelan con rabia tornasol
sobre la derruida
tumba del ídolo-cometa.
Su risa roja, enorme
mueve con trazo negro la
pésima ola que encalla
una y otra vez sobre la misma
solitaria péndulaymaderamen.
Con increíble
dificultad la insomne
cabeza inicia un canturreo
que acaba en seguida en
gulp
cadavérico.
El sueño del clinamen
tiene los ojos en blanco.
Los adolescentes psicopompos
humedecen sus dedos blancos
en la blancura estremecedora
que empolva los jubilosos
esqueletos.
Sonámbulos, recomienza la danza.
El triángulo vertiginoso.
El agua verde y la luz tendinosa
se cruzan bajo el cerrado improviso.
Los campos negros reaparecen

with a black pen-stroke
moves the horrendous wave that runs
aground time after time on the same
solitary penduluminocity.
With incredible difficulty
the insomniac head starts
humming
quickly culminating
in a cadaverous
gulp.
The dream of the clinamen
has blank eyes.
The adolescent psychopomps
wet their pale fingers
in the startling whiteness
that powders the gleeful
skeletons.
Sleepwalking, the dance
is starting again.
The vertiginous triangle.
The green water and sinewy light
crisscross beneath the
enclosured impromptu.
The black fields reappear
at a distance
singing war and its fierce
cardboard figures
stoned by the wind.
The silent pilgrims
file by, drunk in the dawn's black light.
With fixed eyes of clay
Diogenes watches the weary

en lontananza
cantando la guerra y sus torvas
figuras de cartón
apedreadas por el viento.
Pasan los peregrinos silentes
borrachos en la luz negra del alba.
Con fijos ojos de greda
Diógenes mira la hastiada
silueta de la tumba, y el brazo
fantástico que divide
el mar infinito de olas de hielo.
Cruza los pies engualdrapados
en mezclilla, y bebe de la botella
de los condenados,
con el glog-glog con que se escurren
por el caño de plomo y cinabrio
todos los sueños perdidos,
y el lejano
sonido de flauta del cristalero,
tijera en mano,
intraspasable como la hilaza
de ceniza y fría cabeza de muñeco
del laberinto.

silhouette of the tomb, and
the improbable arm that
divides the infinite sea
whose waves are ice.
He crosses his legs wrapped
in denim, and
drinks from the bottle
of the condemned men
with the glug-glug with which
lost dreams trickle away
through pipes of lead and cinnabar,
and the distant notes of the flute
of the glass maker,
scissors in hand,
as impassable as the thread
of ash
and the cold doll's head
of the labyrinth.

Tú eras

El lobo huérfano de cola de plata está harto de gritar su destino de perro, su faena casi humana al pie del pino despiadado. Y ya la corneja se ha puesto de acuerdo con el puercoespín rabioso que hunde las uñas de niño en lo oscuro de la tierra. El sol está hecho como de un papel bilioso, indestructible y ácido como todas las noches sin ternura del mundo. Pero el lobo y todos los otros siguen haciendo girar la rueda, mientras el hosco satélite suelta su estrella de ajenjo y el pozo mutilado amamanta a los cuervos nacidos en la carne viva.

El amor está hecho de todas las criaturas, de todas las tramas inextricables, de todos los sueños hundidos. Canta como un cartero ciego la estopa del día que muere, la luz que cayó como una piedra roja sobre el ojo del mago, y el beso del adolescente, caliente como el fuego de Fausto, que sacudió al torpe hijo de la mañana como una sierpe eléctrica.

Es mejor que no sepamos lo que somos. Así podemos besarnos con toda la ignorancia, con la intacta locura.

You Were

The silver-tailed orphan wolf is fed up with howling its dog's destiny, its all-but-human toil at the foot of the pitiless pine. And now the hooded crow is in agreement with the rabid porcupine sinking its child-like claws in the dark of the earth. The sun is made of a bilious paper, as acidic and indestructible as all the nights without tenderness in the world. But the wolf and all the others keep the wheel turning, while the sullen satellite casts off its wormwood star and the mutilated well suckles the crows born in the quick of a wound.

Love is made of all creatures, all the inextricable plots and sunken dreams. Like a blind mailman it sings the coarse mesh of the dying day, the light that fell like a red stone on the mage's eye, and the adolescent's kiss, as sizzling as Faust's fire, which jolted the morning's torpid child like an electric serpent.

It's better that we don't know who we are. So we can kiss one another in blissful ignorance, our madness intact.

Tristeza del escritor muerto

Estoy triste de los que me conocieron.
De los que tocaron una noche a mi puerta, de ésos.
De los que no pudieron soportarme en la muerte
y ahora me cargan, con palabras, con adioses.
Voy con ellos. Mejor dicho: me llevan.
No los dejo en paz, me han hecho suyo.
Ya no tienen saliva, ni justificaciones
para no dejarme morir.
Como un farol que en una esquina
brillara interminablemente
quitándole su luz al farolero.
Estoy triste de los que no pueden odiarme,
ni despertarse de mí, ni acudir a una fiesta.
Estas noches me recuerdan olores de estatuas.
De mujeres desnudas que llevan en el cuello
una cadena de sombras,
una sudoración fría.
Estoy triste por todos,
escribiendo las últimas páginas
que son siempre las primeras.

The Sadness of the Dead Writer

I am sad for those who knew me.
For those who knocked one night at my door, for them.
And for those who couldn't bear me in death
and now carry me, murmuring and saying goodbyes.
I'm going with them. Or, rather, they're taking me.
I don't leave them in peace, they've made me their own.
Now they have neither saliva nor reasons
not to let me die.
Like a street-lamp shining endlessly
on a corner
depriving the lamp-lighter of his light.
I'm sad for those who can't hate me,
who can't wake up from me or
go to a party.
These nights remind me how statues smell.
And naked women who wear around their necks
a chain of shadows,
a cold sweat.
I'm sad for everyone,
writing these final pages,
which are always the first.

TR. MICHAEL KOCH

ANTONIO JOSÉ PONTE (1964–)

Café sin hombres

Idioma alrededor,
lo que dicen,
perdido.
Y perdido el afán de leer en las cartas,
no queda conocido
más que el sabor del agua.
La botella
facturada en un chino
que imprimen por la arena
las patas de los pájaros . . .

Aunque, si se desconoció hasta aquí
qué estrella era la estrella
y cuál árbol el árbol,
no importa ya ignorar.

Puede intentarse mayor extranjería:
en un café de perros,
de jíbaros o pulpos,
no se estaría cercado por humanos.

ANTONIO JOSÉ PONTE (1964–   )

Café Without Men

Language all around,
what is said
is lost.
And lost is the urge to read the cards,
the taste of the water
is all that is still known.
The bottle's
receipt a cluster of signs
the birds' webbed feet
press into the sand . . .

Although, if no one knew
which star was the star
and which tree was the tree,
ignorance is no longer a concern.

One might propose an even greater oddity:
in a dog's café,
a café of beasts or octopuses,
one would not be fenced in by human beings.

En la pornografía

Las manos fuera del timón en alarde de libertad
(el cielo esplende, es verano y la vía una recta),
es ley aquí:
los abrazos abiertos
con tal de que la cámara entre a fondo.

Aspiración al corte transversal,
de cámara esa sierra eléctrica
que troza víctimas en otro de los filmes,
o el ojo filamento
que aguarda desde el interior la arremetida.
Mitad película de horror,
mitad documental científico.

El máximo de aire entre quienes actúan
y bienvenidos los hombres garrocha:
¡pornografía es tangencialidad!

Que un geómetra no consiga dormir por el recuerdo
de cómo dos esferas se rozaban.

Juguetes puritanos

Llevaban una tienda y descreían
de todo lo vendible.
La forma de los huevos
les parecía superflua.

In Pornography

Hands release the rudder in a gesture of freedom
(the dazzling sky, it's summer and the road lies straight ahead,)
it's the law here:
spacious embraces
so the camera can reach deep inside.

Craving the cross-section
the camera as power saw
that hacks victims apart in other films,
or the fiber-optic eye
that awaits the assault from within.
Part horror flick,
part scientific documentary.

As much space as possible between the actors,
and bring on the long-poled men:
pornography is tangentiality!

May the memory of two spheres rubbing against each other
keep a geometrician awake.

Puritan Playthings

They ran a store and disregarded
all the merchandise.
They considered the shape of eggs
to be superfluous.

Para sus hijos habían descubierto
el cero de la diversión,
¿y qué iba a sacar yo de aquellos trastos
si soy del gremio de los teñidores?

Ya no más asomarme
bajo el disfraz de quien les compra
       algo.
De corazones tan prudentes no salen buenas tonterías,
pensé como farsante,
como uno más de los que tiñen hojas en el gremio.

El horizonte era de nieve en el cristal
y por el horizonte corrió un lobo.
Mancha en lo blanco,
tinta escribiendo línea de fuga,
bestia de tantas páginas leídas
y piel que ningún frío atravesaba,
¿cómo iba a no encontrar contento en él,
si soy del gremio de los teñidores?

Naufragios

I

Lo primero en morir son los anillos,
en alguna brazada perdí el mío
de hierro con que halaban a un buey en la tierra.

Ya no me queda seña de ningún matrimonio.
No tengo encima nada tejido por mi madre.

They had discovered the zero point of amusement
for their children,
and what could I salvage from that pile of junk,
coming as I do the dyers' guild?

To peek no longer
from under the disguise of someone buying something from
　　　them.
Fine foolishness does not abide in such prudent hearts,
I thought like a charlatan,
like yet another dyer of leaves in the guild.

The horizon was made of snow through the glass
and a wolf ran along the horizon.
Smudge on white,
ink writing path of flight,
wild animal from so many thumbed pages
and hide no cold could pierce,
how could I help but find pleasure in him,
coming as I do from the dyers' guild?

Shipwrecks

I

The first to die are the rings.
With a stroke of my arm I lost my ring
of iron that once was used to tug an ox in the field.

I no longer bear any trace of matrimony.
I wear nothing knitted for me by my mother.

Como si no hubiese nacido de mujer
no hubiese amado a alguna
obedecer al agua es olvidarlas por una más antigua.

II

Todas mis cartas las ha acabado el agua.
No me deja poner más que los nombres,
no he podido escribir el amor que me siento.
Cada hoja pesa más
escribirla me deja más cansancio.
Los nombres justos apenas los he dicho,
no he entendido la vida.
Si alguna virginidad me queda es ésa.

III

El lado zurdo de la noche se vuelve el lado zurdo
en los espejos. Sus tatuajes se hacen ininteligibles.
Bermudas es de las algas y no del Commonwealth,
los mapas se equivocan, se equivocan los libros.

IV

Yo no he querido mirarme en los espejos
y saber que una mano escribe en la ciudad aquella
una carta inconclusa donde apenas me nombra.

Hay en la tierra una ciudad cercada por los pinos,
una batalla bajo el sol entre pinos y casas.
Hay diez cuerpos entrando a una playa
y la ferocidad de sus muslos es otra guerra más.

As if I had not been born of a woman,
had not loved a single woman in my life.
To obey the water is to forget women for one more ancient.

II

The water has ended all my letters.
It doesn't let me write anything but the names;
I have been unable to write the love I feel.
Every sheet weighs more,
writing leaves me wearier.
I have barely said the exact names,
I haven't understood life.
If any virginity is left in me, it is that.

III

The left side of the night becomes the left side
in the mirrors. Its tattoos are rendered illegible.
Bermuda belongs to the algae and not to the Commonwealth,
the maps are mistaken, the books are mistaken.

IV

I haven't wanted to look at myself in the mirrors
and know that in that distant city a hand is writing
an unfinished letter in which I am mentioned only in passing.

There is a city on earth surrounded by pine trees,
a battle under the sun between pine trees and houses.
Ten bodies are walking onto a beach
and the ferocity of their thighs is yet another war.

Mis pulmones son odres que bate la corriente
mientras los pinos avanzan sobre la ciudad,
avanzan los cuerpos sobre el agua.

Ciudades

Era en una ciudad desconocida
a la espera del invierno
(también el invierno resulta impredecible),
en la ciudad de invierno
y sentí temor.

No era la lejanía lo que entonces lloraba
ni el gesto irrecordado de mi casa,
eran los hábitos, ese acodarme.
Esperaba algún centro, atravesaba calles.
Qué hacemos con los labios
sino mentir esta vieja canción:
dónde está el centro,
la semilla que pueda levantar con mis manos?

Pasó gente.
El camino a la belleza de sus rostros era tan largo
y yo tan lento para recorrerlo . . .
Había escrito que una ciudad sucede a otra
pero hallé demasiadas para mi memoria.
Era en una ciudad desconocida
a la espera del invierno.
Temí gastarme en pueblos que no eran,
inventados al paso de los trenes.

My lungs are wineskins slapping the current.
While the pine trees advance upon the city,
the bodies advance upon the water.

Cities

It was an unknown city
awaiting winter
(winter too turns out to be unpredictable),
in the city of winter
and I was afraid.

It was not the distance I was crying over then
nor the unrecalled beckoning of my house
but force of habit, how I propped myself up.
I was anticipating a center, I crossed streets.
What do we do with our lips
but mangle that old song:
where is the center,
the seed I might lift up in my hands?

People passed.
The road to the beauty of their faces was so long
and I was so slow to walk down it . . .
I had written that one city succeeds another
but I found more than my memory could hold.
It was an unknown city
awaiting winter.
I was afraid of wasting myself on towns that didn't exist,
towns invented by passing trains.

Aparición

En Regla,
en el embarcadero,
de lancha a lancha nos miramos.

Había sido antes una risa sin rostro.
Detrás de la pared
su risa abría un bosque,
un abanico verde subitáneo.

Había sido una voz
en un cruce de teléfonos.

Risa figura voz, para que apareciera
una ráfaga abría dos espaldas.
Emergía de alguien conocido
como en una fotografía sobrepuesta.
Del sueño y la neblina,
del agua en la cubeta revelando sus rasgos,
de una lluvia que afina la memoria.
Era de esas esquinas esos instantes
en que dos guaguas cruzan para que algo se pierda.
Unas nubes se apartan, un muro resplandece.
Parpadeo del Mundo significa su nombre.
Es pájaros, es flores, capitales,
muertas personas de películas.
Exhalación de alguna bocacalle,
bicicleta, muchacha o muchacho.

Apparition

In Regla,
at the wooden dock,
we look at each another from boat to boat.

Once there had been laughter without a face.
Behind the wall
her laughter spread open a forest,
an abrupt, green fan.

There had been a voice
where the telephone lines crossed.

Laughter body voice, two backs parted
for a gust of wind to appear.
It emerged from an acquaintance
like a superimposed photograph.
From slumber and fog,
from the water in the bucket displaying its features,
from the rain that pulls memory into focus.
It came from those street corners, those moments
when two city buses cross paths so that something might be lost.
Two clouds shift apart, a wall shines in the light.
Its name means Blink of the Eye of the World.
It is birds, flowers, capitals,
dead people from the movies.
The exhaled breath of an intersection,
a bicycle, a girl or a boy.

Colina de San Matías, camino de Matanzas

No es la pareja de amantes lo que primero llama la atención,
es la colina al fondo.
Surge como una isla,
como una gente sola entre la gente.
Encima crece un árbol, un muro se derrumba
y está el cielo.

¿Acaso no tiene misterio el acercarse
     de esas dos figuras
sin saber descansar una cabeza en otra?
Son los insomnes, ellos no encuentran calma.
Un mismo hálito amargo los abraza,
una raíz habrá que los enrosque.

Conozco la colina,
he estado a punto de subir y descubrirla
camino de un repetido viaje.

San Matías Hill, on the Way to Matanzas

The first thing that catches one's eye is not the pair of lovers
but the hill in the back.
It rises like an island,
like a person alone among people.
A tree grows on its summit, a wall crumbles,
and there is the sky.

Perhaps there is no mystery that the two figures approach,
unable to rest their head against the other?
They are the sleepwalkers, they find no peace.
A single bitter breeze embraces them,
perhaps there is a root that coils around them.

I know the hill,
I have been on the verge of climbing up and discovering it
on the way back from a frequent journey.

Emisiones nocturnas

Lo contenido pugnó, pugnó toda la noche,
pegó con su cabeza tercamente
hasta cuartear el vidrio.

Metió sus muslos en muslos de otros,
abrazó la cascada.

Se oyó el chisporroteo de un pimiento al asarse,
la explosión de la sal en el vientre del sapo.

Al despertar la ropa estaba húmeda.
Volvía pero de dónde.

Emisiones nocturnas las llaman los libros.
Como si se tratara de programas de radio,
de una voz presa durante la noche
hablando para nadie
desde alguna estación muy lejana.

Nocturnal Emissions

What was bottled up fought, fought all night long,
pounded stubbornly with its head
until the glass cracked.

It slipped its thighs into the thighs of others,
embraced the cascade.

One could hear the pepper sputtering in the pan,
the explosion of salt in the stomach of the frog.

In the morning the clothes were damp.
He was returning, but from where?

Books call them nocturnal emissions.
As if they were discussing radio programs,
a voice held captive through the night
speaking to no one
from some station far, far away.

TR. MARK SCHAFER

OMAR PÉREZ (1964–   )

La victoria de los desobedientes

En la multitud
Un hombre ha pateado disimuladamente una paloma
Muchas veces antes de recogerla.
Hay una sola vida y la envolveremos con escamas
Hay una sola vida y la cubriremos con las palabras de otros
La palparemos disimuladamente varias veces
Antes de decidir que la queremos.

Sujeto puro, sujeto desmenuzado

> *. . . que escribía con la esperanza*
> *de corromper los tiempos venideros.*

Escribía con la intención de perjudicar, sobornándolas,
A las generaciones del futuro
Lectores de sólida reputación, emancipados
En la sacra modorra de las bibliotecas y las conversaciones
Y, una vez más, las bibliotecas;
Escribía con la ilusión de enemistarse.
Escribía con el propósito de extorsionar a la posteridad
Lectores, pálidos o atezados, alzados (obscenamente)
Sobre los estatutos de la cultura y del aburrimiento
Y, una vez más, sobre los estatutos del aburrimiento;
Escribía con la pretensión de que lo calumniasen.
Escribía, se dice, con la ilusión de enemistarse

OMAR PÉREZ (1964–   )

Victory of the Disobedient

In the crowd
a man has slyly nudged a pigeon with his foot
many times before picking it up.
There is just one life and we'll shield it with scales.
There is just one life and we'll cover it with the words of others.
We'll pat it slyly
Several times before deciding that we want it.

Pure Subject, Subject in Pieces

> . . . *who wrote hoping to*
> *corrupt the ages to come.*

Who wrote with the intention of doing damage, suborning
future generations
readers of solid reputation, emancipated
in the dull sacra of libraries and conversations
and, again, libraries;
who wrote with the illusion of making enemies.
Who wrote with the intention of extorting from posterity
readers, pale or bronzed, erect (obscenely)
on top of cultural protocols or boredom's protocols
and, again, boredom's protocols;
who wrote with the pretension that they'd slander him.
Who wrote, it's said, with the illusion of making enemies

Súbitamente, añaden, distraído o contrariado
Se desconcentraba, dejando el trabajo a la mitad.

Las operaciones sinestésicas de Dios

Las operaciones sinestésicas de Dios tienen lugar
En el sopor de ciertos lugares al abierto
Suceden en establecimientos vacíos donde alguien nos
    observa
También en la penumbra donde un hombro resalta.
Las operaciones mnemotécnicas de Dios tienen lugar,
Dios se acuerda,
En el ardor inasible de la blenorragia donde concurrimos
Diferentes sujetos de escuelas diferentes;
Tienen lugar al olvidarnos, Dios se acuerda,
De un interlocutor decisivo mientras frotamos
El diamante de una antigua cicatriz.
Tienen simplemente lugar, Dios acuerda
Y sólo porque Dios se acuerda
No porque nosotros, emocionados al advertirlo
Experimentemos plenitud, parálisis, palpitaciones
O alguna otra sensación por el estilo.

Unexpectedly, they add, distracted or hindered
He came apart, leaving the work half-done

The Synaesthetic Operations of God

The synaesthetic operations of God take place
in the drowsiness of certain open spaces
they happen in empty establishments where someone
    watches us
and in the half-light that outlines a shoulder.
The mnemonic operations of God take place,
God remembers,
in the elusive ardor of the blennorrhagia where we converge,
different subjects of different schools;
they happen when we forget, God remembers,
a decisive interlocutor while we polish
the diamond of an old scar.
They simply take place, God remembers
and just because God remembers
not because we notice it and experience
the excitement of plenitude, paralysis, palpitations
or any other sensation of the kind.

Camilo en el pasillo a consulta

Camilo se posesiona del pasillo a consulta
En la foto demasiado vieja para mí
Y demasiado nueva para él que puede soportar más
Aún en este tipo de lugares.
Camilo se ríe solo en el pasillo a consulta
Y el que se ríe solo
Se acuerda de una época más clara y más simple
El que se ríe solo
Deposita un corazón inteligible
En un lavamanos como crédito.
Camilo se ríe solo
Está claro que para mí no hay más que una salida,
Yo lo imito
Y como si fuera un santo un poco malcriado
Y como si fuera un santo un poco renuente
Me pongo a masticar la ceniza ardiendo de un
        tiempo más difícil,
Él me imita.

Camilo in the Clinic Hallway

Camilo possesses himself on the clinic hallway
in the photo that's too old for me
and too new for him who can still bear this kind of
place any longer.
Camilo is laughing alone in the hallway
and he who laughs alone
recalls a more clear and simple time
he who laughs alone
deposits a comprehensible heart
in a sink as credit.
Camilo laughs alone
it's clear that I have just one way out,
I mimic him
and as if I were a sort of spoiled saint
and as if I were a sort of unyielding saint
I chew over the smoldering ashes from a more
      difficult time,
he mimics me.

TR. KRISTIN DYKSTRA

Buffalo

I understand, I understand
But I don't explain, I don't explain
The thing is the thing
The omen is the omen
But the thing in itself is the omen
Of another thing.
I understand, yes, I understand
But I don't explain, I don't explain

Wayward back I find no resentment
Wayward East I find no resentment
Wayward down I find no coal
Wayward up I find no Gods.
Only the present heals
The thingful moment
The omen in itself
The thingful omen
I understand but I don't explain,
I live up to the smile of the cat
For my life is in danger
I live up to the smile of the cat
For everybody's life is in danger
But isn't that what life is all about?

WRITTEN IN ENGLISH BY THE AUTHOR

Buffalo

I understand, I understand
But I don't explain, I don't explain
The thing is the thing
The omen is the omen
But the thing in itself is the omen
Of another thing.
I understand, yes, I understand
But I don't explain, I don't explain

Wayward back I find no resentment
Wayward East I find no resentment
Wayward down I find no coal
Wayward up I find no Gods.
Only the present heals
The thingful moment
The omen in itself
The thingful omen
I understand but I don't explain,
I live up to the smile of the cat
For my life is in danger
I live up to the smile of the cat
For everybody's life is in danger
But isn't that what life is all about?

WRITTEN IN ENGLISH BY THE AUTHOR

189

PEDRO MARQUÉS DE ARMAS (1965–   )

Monólogo de Augusto

Aquí yo escucho el soplo de los barcos que pasan y no pre-
tendo volarme los ojos como Edipo. Que la mar trague
con maduras bocas todos esos barcos cargados de un
vino que yo no beberé.
Todo lo que pude contra el tiempo es una hoja de laurel. Desde
los pies me alzo como estatua. Veo caer el tiempo piedra
a piedra: brumosa percepción es el destino que se hunde.
Toros de la mar y lenguas lamen el ocaso. Con vehemencia
estrujaría esa hoja, pero se escucha el soplo de los barcos
últimos. El horizonte es una línea, otra serpiente se abre
en mil cabezas, ayuna ya junto a los muertos, en los
pinos negros de las lindes.
Arde la ciudad y estoy al centro. Agónicos los peces fugan.
Habría más memoria si no asomara tanto ciervo entre
láminas de humo.
Quemó Virgilio su Eneida, quemaría yo mi Roma o no tenemos
el valor de Edipo que nos apunta con su báculo ciego.
Pero el humo también crece. Allá arriba dibuja una ciudad
semejante. Entre ambas está el vacío y los cuerpos que
giran sin tocar la sal.
Tras las huecas cañas otean otros ciervos, avanzan presurosos
como las llamas por la noche.
Arde Roma y yo al centro. En mis manos una hoja de laurel,
todo el tiempo que los astros no signan ni la sangre de
Edipo podría descifrar.

PEDRO MARQUÉS DE ARMAS (1965–)

Monologue by Augustus

I hear the whispering boats as they pass, but I won't pluck out
     my eyes as Oedipus did. Let the sea swallow with pru-
     dent mouths all those ships laden with wine I'll never
     drink. All I managed
to wager against time is a laurel leaf. I rise erect as a statue. I
     see time drop stone by stone: our fate sinks in clouded
     vision.
Sea bulls, tongues lap at the sunset. Vehement, I'd crush the
     leaf, but I hear the last boats sigh. The horizon is a line,
     another serpent
opens her thousand heads, fasts next to where the dead lie
     among the pines' black borderland.The city burns. I'm
     at its center. The flight of dying fish. There would be
     more memory if not so many deer peered through sheets
     of smoke.
Virgil burned his Aeneid, I'd burn my Rome but we don't
     have the bravery of Oedipus,
pointing at us with his blindman's staff. But the smoke thickens.
     Above us it draws a duplicate city. Between the two,
     nothingness and revolving bodies without salt.
More deer spy, then advance, pressured as the night flames,
     from behind the empty reeds.
Rome burns. I'm at its center. A laurel leaf in my hands and
     all the time
the stars don't sign. Or the blood of Oedipus can't decipher.

Muelle de luz

Alguna vez no existían para ti
los muros ni otros límites.
Como el que vuelve del mar volvías de la alta noche.
Como el que vuelve por la fe de los músicos.
Ahora no tienes la noche ni Dios está en todas partes.
Abres la puerta y hay un río
y el río te da en la cara.
Otros cuerpos fundan tu pesadilla
bajo un silencio que consiste en repetir hasta lo absurdo
                                    el mismo rito,
otros cuerpos no procuran tu gracia.
No habrá milagro en tu vida.
En el tímpano de la Iglesia de Paula
nadie te verá hundir la frente,
y el humo lejano de una lancha no dibujará a María.
¿Cómo hallar un sentido, signo del cuerpo,
boca de agua que me propones la pulcritud de los días?
El cielo te expulsa igual a un astro convicto.
Ya tu soledad no es el afán de la luz
Sino un enigma que no admite el rubor de la llaga.
Cuerpo que era mi cuerpo cuando volví de la alta
                                    noche:
he descreído de la sal,
he descreído de los músicos,
he descreído de un orden
que nunca puso límites entre Dios y el mar.

Luminous Harbor

Walls didn't exist for you, or other limits.
You returned from deep night
like someone returns from the sea
or like someone who believes in musicians.
Now night has deserted you
and God isn't everywhere.
You open the door on a river
and the river beats your face
Your nightmare is peopled by other bodies,
silently they repeat the endless rite, ad nauseam,
bodies not so lovely as yours.
There will be no miracle in your life.
No one will see you hide your face
in the belfry of the Church of Paula,
and the figure of Maria won't appear
in a boat's distant smoke.
How understand in the body's sign
what the source proposes in the neat flow of days?
The heavens will expel you as they would any criminal star.
Your solitude is a pale mystery,
that denies the wound's incandescence.
Body that was my body when I returned from deep
                                        night:
I have no faith in salt, or musicians,
I have no faith in a system with no
limits between God and sea.

TR. BARBARA JAMISON

Heráclito

El agua lleva vidrios y monedas
vísceras y peces
huesos y una piel de gato.
El agua siempre pasa.
Siempre está pasando el agua como el tiempo.
Una hoja
también una espada
el árbol
la noche más un líquen
el alba y otra luz de aceite.

Un día pasarán mis dedos.
Mis dedos no son diques en la arena floja.

Leda

Esta ciudad puede abrirse en mil cabezas.
Tomo una serpiente sagaz entre sus flores.
Tomo mi mano si dobla los sigilos.
Allí vidrean pasos; algo no cae sobre lo duro.
Mi soledad son siete perros blancos.
Temen las turbias galerías.
Temen mi alma que anilla los fulgores.
Yo que crezco entre píldoras suelo decir mi alma.
Más liviano que el humo me retiro.
Rompo el aliento de los caballos briosos.
Rompo el pan, el ombligo. Soy el ojo.
Acaso esta isla que piso sin memoria.

Heraclitus

The water carries windowpanes and coins
viscera and fish
bones and the skin of a cat.
Water goes by.
It's always going by, like time.
A leaf
also a dagger
the tree
night plus lichen
the dawn a fresh grease-streak of light.

One day my fingers will go by.
My fingers can't be dikes in this loose sand.

Leda

This city could bloom into a thousand heads.
I pluck a wise serpent among its flowers.
I pluck my hand if it creases the seals.
Footsteps go glassy here; something fails to fall on solidness.
My solitude is seven white dogs.
They dread the murky galleries.
They dread my soul that sets the gleamings in a circlc.
I who flourish amid pills like to say my soul.
Lighter than smoke I withdraw.
I break the breath of fiery horses
I break bread, break the umbilicus. I am the eye.
Perhaps this island I walk without memory.

TR. E. BELL

Sin título

Cada cierto tiempo volvíamos de la provincia a través de una serie de trenes intensos y oscuros . . . Cada poste burlado ponía en relieve segmentos de un paisaje real (y ardoroso) como un delirio que invade nuestras fatigas de afuera. Aquellos campos verdes (interminables) eran los del sopor, entre sus pliegues nos adormecíamos. Despertábamos a la inercia de otros pueblos sin rastro, en la ofuscada escritura.

Selva negra

En el brocal eran los gases y parrillas de las bestias sin nombres, la torre de control al paso de barreras y la canal por la que mudos descendieron, entre cabellos que el viento arremolinó en montañas. No hay paquetes de juegos (de lenguaje) que lo puedan decir: uno se desvía hacia el sendero de estacas y el otro a los pantanos abrasivos.

A la noche cada molécula es un fosfeno más en la fiesta de luciérnagas.

Sin título

Al fin probaste la lentitud de las plantas
no el descenso
apenas la suspensión.

Untitled

Sometimes we'd return from the provinces riding one dark intense train after the other . . . Pieces of the tangible (fierce) landscape highlighted by each fantastic signpost like a delirium that invaded our fatigue from outside. Those green (interminable) fields were our languor. We dozed within their pleats. We woke to the apathy of other unknown peoples in obscure writings.

Black Jungle

In the gutters floated nameless electrified beasts and vapors, there was a control tower above a railing and a waterway that, hushed, they navigated with hair that the wind whipped into peaks. There is no play (of words) that can speak it: one turns off toward the path marked with stakes the other toward the cruel swamps.

At night each particle becomes another phosphorescent spark in the revelry of fireflies.

TR. BARBARA JAMISON

Untitled

You tasted at last the slowness of plants
not their downward reach
scarcely their hovering quality.

Lenta ola que vuelve la cabeza insensible
hueca como tronco hace siglos talado.

Sin título

Escribir/erosionar
o simplemente remover una sustancia blanca.
Movimiento sin brecha
entre la adoración del hueso y la mano:
allí el sol es todavía altivo
irrita la corteza de la letra
espasmo de una risa que no es la del ángel
sino la del enterrador.
Hueso de tabique que, adelantado en su estío
avanza hacia la banalidad de los elementos.

Slow-moving wave that leaves the head impassive
hollow as a trunk felled centuries ago.

Untitled

To write/erode
or simply stir a whitish substance.
Unbreached movement
between the hand and worship of the bone:
The sun is still haughty
it prickles the rind of letters
spasmodic laugh not of an angel
but an undertaker.
The septum bone well into its summer
advances toward the triteness of the elements.

TR. E. BELL

GERMÁN GUERRA (1966–   )

La ciudad y el borde de la isla

para Félix Lizárraga

Ya no hay ciudad que te repita las canas y el olvido,
irte, ser, estar o acostumbrarte ya nada significan,
ya no hay ciudad ni muro que detenga tus pasos
ni abiertas calles con fuegos de artificio a tu regreso.
Ya no hay ciudad ni mar ni barcos en los puertos,
no busques más, tu sombra no te sigue.
Tú mismo en la ciudad te has convertido:
Eres tú el muro que te detendrá.

Ya no hay ciudad ni hombres hundidos en el sueño.
Aquí estamos, diciendo para que nadie entienda,
fingiendo ya ser mudos, ya ser ciegos y sabios,
rehaciendo nuestras casas para espantar el tiempo
con las hojas ruinosas de este otoño tan largo.
Y aquí estamos, sentados sobre la luz y el tedio,
colgando nuestras piernas al borde de la isla,
aquí estamos, y estamos tan cansados.

GERMÁN GUERRA (1966–   )

The City and the Edge of the Island

for Félix Lizárraga

Now there is no city to reflect your gray hair and oblivion,
to leave, simply be, get used to, now mean nothing,
now there is no city no wall to hinder your steps
no wide streets with fireworks to welcome your return.
Now there is no city no sea no boats in the ports,
search no more, your shadow does not follow you.
You yourself have turned yourself into the city:
You are the wall that will hinder you.

Now there is no city no men sunken in dreams.
Here we are speaking so no one can understand,
pretending to be mute, or blind and wise,
and to frighten off time remaking our houses
with rotted leaves from this overlong autum.
And here we are seated atop light and tedium,
dangling our legs over the edge of the island,
here we are, and we are so weary.

Martí

para Néstor Díaz de Villegas

Un niño y su martillo
unánimes trazando por el aire
un cántico de muerte
y piedra en el sudor de los lamentos.
Los héroes de papel,
papalotes de barro
y el sol un dedo blanco
y un círculo de moscas
y la carne abierta en las espaldas.

Después la tierra extraña,
extraña tierra toda,
insomnio de las bestias
verdades como nubes o peces
allí donde nombrar abismos.
Allí donde los puentes el invierno
una página en blanco y el silencio.

Suicidas de domingo
caminan por Manhattan
el tedio de sus perros.
Del Orinoco al Hudson
Caronte con sus remos
con sus mapas de sangre
y Heráclito que aguarda
limpiando su clepsidra
a la sombra del tiempo
a la orilla del Cauto,

Martí

for Néstor Díaz de Villegas

A boy and his hammer
in unison tracing through the air
a canticle of death
and stone amid the sweat of laments.
The paper heroes,
kites of clay
and the sun a white finger
and a circle of flies
and open flesh on the backs.

And then the strange land,
every land strange,
the sleepless beasts
truth like clouds or fish
the place of naming chasms.
The place of bridges winter
a white page and silence.

On Sundays the suicidal
walk their dogs and their tedium
through Manhattan streets.
From the Orinoco to the Hudson
Charon with his oars
and his maps of blood
and Heraclitus who waits
cleaning his clepsidra
in the shadow of time
on the bank of the Cauto,

y tú nombrando ejércitos
nombrando libertades, muchachos
y palabras y palabras y palabras.

Después
el ardor de la guerra
la fiesta y el hambre del regreso,
un grillo limando su arco
en el último verbo del diario
y el sol un dedo blanco
espantado de todo
y una libra de sueños y metralla
abriendo entre la carne
y los nombres de tu pecho
o rompiéndote la espalda.
              —Qué importa ahora
              el rumbo de una bala.

La sombra de la mano de Tolstoi

—tal vez la misma sombra
que intuyó Emilio García Montiel—

Aquí y ahora,
fumando en mis fantasmas,
atado diezmo de los años y a esos viajes
que hoy son polvo y unas fotos amarillas,
sentado como siempre en mi balcón de tiempo,
aferrados los ojos a un par de atardeceres
y sintiendo en todo el cuerpo
las patadas que regala la vida,

you naming armies
naming liberties, boys
and words words words.

Later
the ardor of the war
the rejoicing and hunger to return,
a cricket whetting its bow
in the last verb of the diary
and the sun a white finger
frightened of everything
then a pound of dreams and shrapnel
splitting the flesh
and names of your chest
or piercing your back.
  —What does it matter now
  the path of a bullet.

The Shadow of Tolstoi's Hand

       —perhaps the same shadow
       that Emilio García Montiel sensed—

Here and now
vanishing among my ghosts,
bound tribute of the years and those travels
that now are dust and a few yellow photos,
seated as always on my balcony of time,
eyes fastened on a couple of nightfalls
and feeling in all my body
the kicks that life offers,

patadas que me empujan a escribir este poema,
cuando se posa en la pared—ahora
no recuerdo si a mi diestra o mi siniestra—
la sombra de una mano
y busco y espanto las hormigas del miedo
porque no hay mano ni anillos que la salven
flotando entre el sol y mi pared
y la sombra se ha ido con la tarde.

Opacos soles del invierno
carcomen los bordes de la historia,
lápida y memoria bajo la luz que pudre.
Moscú sitiada por el tiempo
y todos los ejércitos afuera,
sangre labrando caminos en la nieve
y adentro, bien adentro,
la ciudad, los zares blancos
que salen de sus tumbas
y devoran la momia del último patriarca.
Magníficas campanas
que nunca cantaron la gloria del imperio.
Las cruces y el oro de los domos
están preñando nubes
en la iglesia de Khamovniki.
Las grúas están armando el horizonte.
Amagos de esperanza y esos viejos
que mueren si paran de toser,
que ya no cumplen años
fundidos para siempre a sus abrigos
—los abrigos no guardan el color
ni el último estertor de los visones—

kicks that push me to write this poem,
when I see alight on the wall—now
I no longer remember whether on my right or my left
the shadow of a hand
and I search and scare off fearful qualms
because no hand or rings can save it
floating between the sun and my wall
and the shadow went away with the evening.

Lackluster suns of winter
gnaw at the edges of history,
tombstone and memory beneath the rotting light.
Moscow besieged by time
and all the armies outside,
blood carving paths in the snow
and inside, well inside,
the city, the white czars
who come from their tombs
and devour the mummy of the last patriarch.
Magnificent bells
that never rang out the glory of the empire.
The crosses and the gold of the domes
are impregnating clouds
in the church of Khamovniki.
Derricks scaffold the horizon.
Signs of hope and those old men
who die if they stop coughing,
who no longer count birthdays
fused forever to their overcoats
—overcoats losing their color
and the last gasp of the minks—

y yo escondido en mi sombrero,
entrando en la casa de Tolstoi.

Y adentro, bien adentro,
después del gran salón
y el retumbar de voces de las nobles visitas,
después de la escalera,
en el aséptico orden de manuscritos inconclusos,
simétricos ejércitos detenidos en el último ajedrez,
fundidos a la nieve del tiempo
y la sombra de una mano sobre los reyes de marfil.
Ventana pariendo los soles opacos del invierno
y un par de atardeceres
que regalan la vida y el tiempo y la memoria.

Nana

Meñique se fue a paseo
sin permiso de anular,
y donde encontró gigantes
confundiólos con molinos.

Meñique se fue a paseo,
Meñique se fue, se fue
y se fue poniendo viejo,
se fue quedando calvo,
se fue quedando ciego.

Y se le fueron llenando
las orejas de raíces,

and I hidden beneath my hat
enter the house of Tolstoi.

And inside, well inside,
beyond the great room
and the rumble of voices of the noble visitors,
beyond the stairway,
in the aseptic order of unfinished manuscripts,
symmetrical armies stopped in the last chess game,
fused to the snow of time
and the shadow of a hand above the ivory kings.
Window giving birth to the lackluster suns of winter
and a couple of nightfalls
offerings of life and time and memory.

Lullaby (Nana)

Little Finger went out for a walk
without Ring Finger's sayso
and when he ran into giants
got them muddled with windmills.

Little Finger went out for a walk,
Little Finger went out, went out
and went on growing old,
went on going bald,
went on going blind.

And his ears kept
filling with roots,

y su cuerpo está flotando,
flotando en el arrecife.

Meñique nunca pudo
saltar una ventana.

Meñique nunca pudo
alcanzar una rama.

Meñique nunca pudo
darle filo a su hacha.

Meñique se fue, se fue
y se fue poniendo viejo,
se fue quedando calvo,
se fue quedado ciego,
se fue quedando muerto.

El flautista

Y habiendo llegado justo a la rivera,
las ratas (y los niños) te empujaron.

and his body it's floating,
floating on the reef.

Little Finger never could
jump through a window.

Little Finger never could
reach a tree limb.

Little Finger never could
put an edge on his axe.

Little Finger went out, went out,
and went on growing old,
went on going bald,
went on going blind,
went on dying dead.

The Piper

And just when you got to the river's edge,
the rats (and the children) pushed you in.

Estancia en Pompeya y Herculano

A las seis de la tarde
revienta la ciudad petrificada.

Contenes egocéntricos
comienzan su agonía,
se parten contra el polvo y las banderas de la noche
curvando una absoluta sinfonía de epitafios
en el apresurado roce con las suelas
—suelas:
        único mediador
        entre el hombre y su ciudad—.

La ciudad devora el ente duplicado,
se extasía en su llenura.

A las seis de la tarde,
en el más ecléctico
en el más cansado parquecito de farándulas y orines
—seguramente al borde de la luz y de las casas—,
una multitud desesperada
viste sus camisas blancas,
mastica la impaciencia,
habita los agasajos de la espera
y al fin,
     al fin
       comienzan a llegar los pájaros
       que cagarán esas camisas blancas.

Sojourn in Pompeii and Herculaneum

At six in the evening
the petrified city explodes.

Egocentric curbstones
begin their agony,
splinter amid the dust and night's banners
curving a perfect symphony of epitaphs
in the hurried graze of shoe soles
—shoe soles:
>the only link
>between man and his city—.

The city devours the doubled entity,
revels in its satiety.

At six in the evening,
in the most eclectic,
the most exhausted little park of farces and piss
—fixed on the edge of light and houses—,
a desperate crowd
dons their white shirts,
chews on their impatience,
shares in the festivity of the wait
and at last,
>at last
>>the birds start to arrive
>>all primed to shit on those same white shirts.

Ming Y / El oscurecimiento de la luz

Canción

Quiero escuchar que no se ha ido la inocencia,
que aún la luz puede brotar como columna
entre la sal y el pan y la ausencia de milagros.
Quiero escuchar que no se ha ido la inocencia,
aunque la luz entre en sí misma preñada de silencio
y el vuelo circular de los insectos caiga en ámbar
para que hombres y mujeres pierdan el aliento,
soplen en sus diminutos saxos sólo contra el agua,
alimenten las vigilias huecas y pierdan el aliento
y pudran sus manos sus versos y rodillas en la niebla
y olviden morder rumbo al Cantar de los Cantares.
Quiero escuchar pero se aferran a mi ojo
campanarios y lagares bailoteando sobre el lodo,
seculares monasterios que se desmoronan
bajo el pesado estiércol de un teatro de patriarcas.

Arde en el viento de la noche una pagoda
con el vientre despojado de sus ídolos.
Quiero escuchar la luz con máxima inocencia,
oigo un rumor de barcos que se alejan.

Ming Y / The Dimming of the Light

Song

I wish to hear that innocence has not vanished,
that light can still spring up like a column
amidst the salt and bread and absence of miracles.
I wish to hear that innocence has not vanished,
even if light imbued with silence flows into itself
and the circular flight of insects ends in amber
so that men and women become breathless,
blow into their tiny saxes alone against the water,
nourish the empty vigils and grow breathless
and their hands verses and knees rot in the fog
and they forget to eat on the way to the Song of Songs.
I wish to hear, but bell towers and wine vats
dancing over the marsh cling to my eyes,
secular monasteries that crumble beneath the weight
of manure from a theater of patriarchs.

Blazing in the nightwind a pagoda
its belly stripped of its idols.
I wish to listen to the light with greatest innocence,
I hear a sound of ships slipping away.

TR. COLA FRANZEN

DAMARIS CALDERÓN (1967–   )

Dos girasoles sobre el asfalto

En la terminal de ferrocarriles
sentada con mi madre
dos girasoles sobre el asfalto.
Su mano borra todo sucio paisaje. Nunca he comido sino de
        esa mano
nunca
sino de ese fruto macerado.
Me enseñabas un sendero para que no me extraviara.
Y siempre regreso, pequeño afluente
buscando un poco de sosiego
como se le da al enfermo
una cucharada de sopa
y la cuchara hace frías,
metálicas promesas
hasta que la cabeza se queda
recostada contra el velador.
Una oruga cantándole a un gusano
—la canción de la morfina—
la cabeza roída por dentro,
el tallo esplendente conectado al tubo de oxígeno.
El mar, como un patrullero
pisándome los talones.
Thalassa thalassa
he intentado vivir siete veces.

216

DAMARIS CALDERÓN (1967–   )

Two Sunflowers on the Asphalt

In the train station
sitting with my mother
two sunflowers on the asphalt.
Her hand erases any dirtied landscape.
        I have never eaten but from this hand
never
any food but this softened fruit.
You taught me a backroad so I wouldn't get lost.
And I always return, small tributary
seeking a measure of calm
the way a sick man is given
a spoonful of soup
and the spoon makes cold,
metallic promises
until his head rests
on the night table.
A caterpillar singing to a worm
—the song of morphine—
head gnawed away from within,
the shiny stem connected to the oxygen tube.
The sea, like a cop car
pressing at my heels.
Thalassa thalassa
I have tried to live seven times.

Césped inglés

Los segadores
tienen una rara vocación por la simetría
y recortan las palabras sicomoro,
serbal, abeto, roble.
Guardan las proporciones
como guardan sus partes pudendas—
Y ejercen sin condescendencia
el orden universal
porque el hombre
—como el pasto—
también debe ser cortado.

Diana

El sol me rompe el rostro
con su descarga de fusilería.

Las imágenes del caballo
como un mantra
se repiten:

No volveré
no volveré
no volveré
la vista atrás.

Todo sendero puede ser cortado.

English Lawn

Reapers
have a rare vocation for symmetry
they clip the words sycamore,
service tree, fir, elm.
They guard proportions
as they guard their private parts—
And enact without indulgence
the universal order
because man too
—like a lawn—
must be mown down.

Diana

The sun blasts my face apart
with its hail of gunfire.

Images of a horse
are repeated
like a mantra:

I will not turn
will not turn
will not turn
to look back.

Every path can be cut off.

Las venas saltan
como un caballo
o un hombre.

A Marina Tsvetaieva

El frío
de un terrón de azúcar
en la lengua de una taza de té
de un pan que salta
en rebanadas sangrientas.
El oficio de lavaplatos,
las genuflexiones
y las manos que todavía
se sumergen
con cierta cordura.
los rojos
los blancos
las cabezas rapadas
y los cosacos
podrán echar mi puerta a patadas
o aparezca una cuerda
con que atar un baúl y colgarme
sin que me estremezca un centímetro.

Veins leap
like a horse
or a man.

For Marina Tsvetaeva

The coldness
of a sugar lump
on the tongue of a teacup
a loaf that bursts
into bloody slices.
The profession of dishwasher,
genuflections
hands that
plunge in even so
with a certain sanity.
Reds
whites
skinheads
cossacks
can kick down my door
or a rope appear
for tying up trunks or to hang me
and I wouldn't flinch a centimeter.

Un lugar donde poner los pies

He llegado con mis maletas en desorden
—no me espera nadie.
Mis pies son dos extraños
los he arrastrado como perros.
Un paisaje sangriento
sostenido apenas por la escarcha.
Todo perdido.
Tengo 34 despiadados años
manos para amputar lo necesario.
Todavía soy fuerte.

Calvert Casey

Cuando vio La Habana en Roma
la miseria de La Habana en Roma
no pudo seguir lactando
de las tetas de la madre de Remo.
Luego reconoció a Roma en La Habana
del paleolítico inferior.

San Petersburgo
París
La Habana
Roma,
las alucinaciones son reales.

Se suicidó en tierra de nadie.

A Place to Put One's Feet

I've arrived with my suitcases in a mess
—no one's waiting.
My feet are two strangers
I've dragged them along like dogs.
A bloodied landscape
barely held together by the frost
       All lost.
I'm 34 pitiless years old
my hands can perform the necessary amputations.
I am still strong.

Calvert Casey

When he saw Havana in Rome
Havana's poverty in Rome
he couldn't go on nursing
from Remus's mother's teats.
Then he recognized Rome in the Havana
of the Lower Paleolithic.

Saint Petersburg
Paris
Havana
Rome,
the hallucinations are realities.

He killed himself in no man's land.

TR. E. BELL

Pieza de hotel

En los hoteles se cometen
los grandes crímenes
las atroces fornicaciones
la abulia florece
como la locura en tiestos de geranios.
Las aspas del ventilador de techo
chirrían
monótonas
—como la voz de ella.
Podría decapitarla.

Un dedo pulcrísimo
disimula las manchas de las sábanas.

El asesino potencial llega con las maletas hechas.
El conserje elude invita
"hay otra habitación vacía"
lomplay rayado
atravesada la garganta
por una aguja finísima.

Sílabas. Ecce homo

Hablar del pájaro parlante
parlanchín posado en una rama
cantando (como diría Juan Luis Martínez)
en pajarístico.
Y el hombre es una lápida
un cuarto oscuro, una silla vacía

Hotel Room

In hotels brutal fornications
and infamous crimes occur.
Indolence flowers
like madness
in the geranium pots.
From above, fan blades screech,
dull and repetitive as her voice.
They might behead her.
Adept fingers dissemble stains on sheets.
The potential assassin arrives
with his suitcases packed.
The concierge eludes, invites,
"here's another empty room."
Scratched, longplaying,
neck pierced by the finest needle.

TR. BARBARA JAMISON

Syllables. Ecce Homo

To speak of the talking, talkative
bird perched on a tree
singing (as Juan Luis Martínez would say)
in birdyllic.
And man is a tombstone
a dark room, an empty chair

y una lámpara.
El que se aproxima a la lámpara
puede encontrar una salida
(O la ilusión de una salida).
¿Hay salida posible hacia afuara
o toda salida es hacia dentro,
hacia el reino de la raíz?
Hundirse como Virginia Woolf
con los bolsillos llenos de piedras en el río.
He ahí la verdadera ganancia.
Lo que no alcanzan los nadadores de superficie.

El optimismo es una bandera a media asta
pero ostentada con júbilo.
Un consuelo o un autoconsuelo:
"Yo me levanté de mi cadáver y fui en busca de quien soy."

Como el cirujano corta,
las sílabas se parten.
Carne de la escisión,
escisión de la carne.

Un pájaro vino con la cabeza vendada
una esquirla de la tercera guerra mundial
Apollinaire cantando en una jaula
los tetradragmas de oro de Ezra pound.

Como la liebre en el soto,
la palabra en el lenguaje.
la angustia salta el perímetro
y echa a correr por las azoteas.

and a lamp.
Who nears the lamp
can find an exit
(or the illusion of an exit).
Is there an exit leading out
or is every exit inward,
toward the domain of the root?
To sink like Virginia Woolf
pockets full of stones in the river.
That is true gain.
Something surface swimmers don't attain.

Optimism is a flag at half-mast
but wagged with jubilance.
Consolation or self-consolation:
"I rose from my cadaver and went in search of who I am."

As the surgeon cuts,
the syllables part.
Flesh of excision,
excision of flesh.

A bird showed up with bandaged head
shrapnel from World War Three
Apollinaire singing in a cage
golden tetradrachms of Ezra Pound.

Like the hare in the thicket,
the word in language.
Anguish leaps the boundary
and goes running across the rooftops.

¿Cómo hemos vivido aquí?

I

La soledad
(como el hambre)
golpea el estómago
te tira
sobre las cuerdas
—sola—
como un boxeador
por knock-out.

II

El verde,
el amarillo,
el rojo,
no reconfortan.

La historia del fontanero:
Encuentra el manantial,
se rompe la nuca.

En este cuerpo sin ventanas
la muerte sopla en tus nudillos.
Habría que cambiar de follaje,
de vísceras.

How Have We Lived Here?

I

Loneliness
(like hunger)
punches you in the stomach
slams you
against the ropes
—alone—
like a boxer
knocked out cold.

II

Green,
yellow,
red,
are no comfort.

The plumber's story:
He finds the source
he breaks his neck.

In this windowless body
death is panting on your knuckles.
You'd have to change foliage,
guts.

Cielo boca abajo

No,
el cielo no se tiende
como un paciente
anestesiado
sobre la mesa
El paciente
en su camilla
anestesiado de sí mismo
no mira al cielo
espera
el corte
el bisturí
que haga saltar al potro de su infancia
y las canciones natales que volverán
con las agujas hipodérmicas.

Elogio de la locura (I)

El sueño de la razón engendra monstruos,
el insomnio de la locura, titanes.

La cabeza se casca
como un huevo en tu mano derecha.
No hay nadie que pregunte
Oye tú, cómo te llamas,
idiota.
Y el saber pesa menos que un abrigo
cuando se abren las puertas
del carcelero de sí mismo.

Sky Face Down

No,
the sky is not stretched out
like a patient
anesthetized
upon the table
The patient
on his stretcher
anesthetized to self
is not looking at the sky
he awaits
the cut
the scalpel
that will make the colt of childhood leap
and the birth songs come rushing back
with the hypodermic needles.

Homage to Madness (I)

The sleep of reason engenders monsters,
the insomnia of madness, titans.

The head is peeled
like an egg in your right hand.
there's no one to ask
Hey you, what's your name,
idiot.
And knowledge has less weight than a topcoat
when the doors burst open
to the jail of self.

Elogio de la locura (II)

a Hölderlin

Riberas del Neckar
que son Alemania
que son Grecia
que son un pasaje
que conduce
adónde.

Yo pronuncio:
Riberas del Neckar.

Excesivamente pacífico
toda la noche en la habitación de arriba
escribiendo palabras como estaciones
y golpeando una nota
como el carpintero que lo hospedaba
lo golpeaba a él.

Una nota
una sola nota
por la que ahora fluyen
el Neckar y otras tantas cosas.

Homage to Madness (II)

for Hölderlin

The banks of the Neckar
are Germany
are Greece
are a passageway
leading
to where.

I pronounce:
banks of the Neckar

Excessively peaceful
all night in the room upstairs
writing words like seasons
and hitting one note
the way the carpenter who lodged him
would hit him.

A note
a single note
and now coursing through it
the Neckar and so much else.

Elogio de la locura (III)

a Vincent

El estupor de los girasoles
y el pan de un trigo
que no puede
llevarse a la boca
hacen que
el buen samaritano
(yo)
me domestique a mí mismo
como a un caballo proletario.
He reinventado el ocre,
el siena,
el amarillo
de estas colinas
y sus hombres.
Con una sola oreja
(como un indio)
inclinado en tierra
he escuchado.

No alcanzarán a atraparme
por el boquete de luz.

Girasoles

Las cabezas
(como los girasoles)
miran al sol.

Homage to Madness (III)

The sunflowers' stupor
and bread of wheat
that cannot
be brought to the mouth
force
the Good Samaritan
(me)
to domesticate myself
like a proletarian horse.
I have reinvented the ochre,
sienna,
yellow
of these hills
and its people.
With a single ear
(like an Indian)
bent to the earth
I have listened.

They'll never catch me
through the pinhole of light.

Sunflowers

Heads
(like sunflowers)
turn toward the sun.

He visto un ramillete de cabezas
(campos de Arles)
alumbrando una jarra.
He pensado en cabezas
girasoles,
orejas,
en oleadas de trigo
y si
(no tengo ningún sentimiento)
entre esta mano y su brazo
hay alguna continuidad.

I have seen a sheaf of heads
(fields of Arles)
lighting up a vase.
I have pondered heads
sunflowers,
ears,
tides of wheat
and whether
(I feel nothing)
between this hand and my arm
there is some continuity.

TR. E. BELL

ALESSANDRA MOLINA (1968–)

Otras maneras de lo sin hueso

para Lorenzo García Vega

Lujo secreto de esta casa.
Lujo de esta casa por sí mismo olvidado
como una aguamarina que fuera desplazada
hacia el meñique.
Como un existir de andar rozando todo
con esa piedra roma, encarnada molestia.
Con esa piedra roma no se rebana un dedo,
ni se hace el rococó
de otro pequeño círculo
que en su enganche estrangule un lagrimal de lámpara,
y, aun así, no tenemos nosotros esos lujos
ni su eslabón alquímico lograría avanzar
retroceder a gran escala en nuestros sueños.
No heredamos, ni hemos sido eficaces en la hora rapaz,
ni lucimos voraces:
como un perro detiene con mandíbula floja
nos tardó la elegancia, el disimulo
de asentar pertenencia por ley o por justicia
en los saqueos.

Lujo secreto de esta casa.
Nuestra madre no sabe con la mano o labor que ella lo toma.
Nuestro padre no sabe en cuál de sus sopores lo deslíe más.
Nuestro hijo no entiende con ventajas su intercambio
porque no habrá entendido, conocido

ALESSANDRA MOLINA (1968–   )

Other Kinds of Silences

for Lorenzo García Vega

Secret luxury of this house,
secret luxury of this house that has forgotten itself
like an aquamarine displaced toward the little finger.
Like an existence surface-scraping
with that smooth pebble, nuisance incarnate.
That smooth pebble that can't sever a finger
or play rococo games
with another small circle strangling in its grip
a candelabra tear,
and even so, we don't have those luxuries
nor would their alchemic touchstone progress
retreat grandly in our dreams.
We didn't inherit, and weren't expert at the rapacious hour.
Or wax voracious,
like a dog at bay with sagging jaw
we were latecomers to elegance, to the pretense of
enforcing ownership by law or by justice to plundered loot.

Secret luxury of this house,
our mother doesn't know with her hand or labors she grasps it.
Our father doesn't know which nap most undoes it.
Our son doesn't understand to his advantage its exchange
because he can't have understood, known
fortune in days of triumph,
its pillars dawn and dusk in the history of one man.

la fortuna en la cumbre de los días,
sus soportes de umbral y de poniente en la historia de un
     hombre.
Sin labio de cuarzo púrpura o negrero,
sin cuello de marfil o capataz,
quién podría descubrirnos la desvergüenza, el crimen
ante los que ha ganado su valor.
Tal si fuera la honra, por la boca entreabierta se nos pierde el
     deseo de nombrarlo,
de continuar su elogio,
de maldecir que vuelva y no golpee nunca de una vez,
cada frase de odio a la riqueza nos condenó a amasar hora
     tras hora.
Por la boca entreabierta se nos pierde el deseo de nombrarlo,
se nos vuelve un secreto,
un lujo que no terminaremos de decir ni en comadreos:
todo eso que se arranca de la vida cotidiana
para ser al instante, únicamente, vida cotidiana.

Un cierto día

para Liliane Giraudon

Mejor hubiera sido
compartir el espanto de las oficinistas
cuando algún ratoncito se cuela en sus papeles.
Una a otra despeinan sus cabezas,
cuelgan de las clavículas,
juntando bien los puños hacen cuatro escalones.
Es un pavor tremendo, un terror al ratón que busca un orificio,
baten sayas, se agitan,

Without violet quartz lip or slaver
without ivory tusk or overseer
who could tell us the shamelessness, the crime
before those his valor has earned.
If such were honour
we lose the desire for our half-open mouth to name it,
to continue its praise,
to curse it to return and never strike just once.
Our angry hatred of wealth
sentenced us to graft hour after hour.
We lose the desire for our half-open mouth to name it,
it turns into our secret. A luxury we'll never claim
even in gossip: all that is charged by everyday life
to be at once, uniquely, everyday life.

TR. PETER BUSH

One Such Day

for Liliane Giraudon

Better off
to have shared the fright of office-girls
when a little mouse slips betwixt their papers.
Messing up each other's hair,
hanging on to collar-bones,
piling tight little fists four stairs high.
A frightful scare, horror of the mouse looking for an orifice,
skirts flap, they flip,

juran que la colita les roza todo el cuerpo.
Su terror de oficina es también primer llanto de la adulta,
es también su bautismo, se nace a la mujer,
a las mujeres,
se está sobre una mesa con ese cuerpo inmenso, delicado,
con la inmensa cartera.
Un miedo de epidermis que si va a lo profundo
salta como cortezas,
basta actuarlo una vez, un cierto día,
en la hora por siempre señalada
ante un espectador, ante sus brazos.
Ay de lo que te aguarda, ay de lo que te elige,
ay de aquello que espantes,
si a ti no te fue dado,
si no jugaste nunca ese miedo al ratón
y sus múltiples poses.

Amigos de la infancia

> *No se sabe nada, ni el recuerdo queda*
> *de las historias de la infancia.*
> Fernando Pessoa

En algún momento vamos a saber cuánto no deseábamos encontrarnos con aquél que fue un amigo de la infancia, ese afecto como una fuga intensa del dominio planteado por los padres. Cuando nos reconocemos, de la misma sorpresa aflora un malestar que goza sólo del presente. Un malestar del que

swear they feel the little tail all over.
Their office terror is also the first cry of adulthood,
is also her baptism, born to a woman,
to women,
they're on a table
with that immense, delicate body,
with the immense purse.
A tactile fear, really striking deep,
flies off like bark,
just act it out once, on one such day,
at the ever appointed hour
in front of someone, in front of their arms.
Ay what awaits you, ay what chooses you,
ay whatever you scare,
if it was never given to you,
if you never played fear of the mouse
with its many poses.

TR. PETER BUSH AND ANNE MCLEAN

Childhood Friends

> *One knows nothing, not a single memory left*
> *of our childhood stories.*
> Fernando Pessoa

There'll be a time we'll realize how much we'd rather not meet that guy who was a childhood friend, that affection as intense flight from the control exercised by our parents. When we recognize each other, the very shock sows an unease which springs from the present. An unease we overcome with scraps

243

nos sobreponemos con los amagos de una recomenzada amistad, con esa promesa. Pero en el amigo de la infancia se tiene como en nada o en nadie las sospechas sobre nuestra vida. Da su rostro a una existencia que, bien pensada, desconocemos. Da su conciencia a nuestra inconciencia y, de seguro, vive incluso allí donde nuestra memoria ya no alcanza más. Él nos vio, eso lo sabemos, en aquellos primeros años donde ser, y ser como cuerpo, era, efectivamente, un asunto de la mirada. Ahora, en este acto de anagnórisis, nos dejaríamos notar sin detenernos. Intervalo de tiempo, transeúntes de un destino, preferimos el brazo que se levanta como saludo y, para hablar, algunas palabras claves.

Vértigo

Vi un pájaro
(y unas pezuñas lilas, las patas como anillos
trabados en un tronco).

Vi un pájaro de enero
(y los astros de enero que nada comenzaban).

Vi su cabeza erguida
(y un ansia, un cúmulo nervioso).

Vi un pájaro de enero, un pájaro cantor
(y el horrible chillido de esas aves oscuras
que más parecen sapos picados por culebras).

Vi su ojo
(y vi un golpe de clavo que colgara

of rekindled friendship, with that promise. But within the childhood friend roam as with nothing or nobody else suspicions about our life. He gives his face to an existence that, in the end, is unknown to us. Gives his awareness to our unawareness and, surely, lives even where our memories no longer reach. He saw us, we know too well, in our first years when to be, and to be a body, was in effect a matter of a gaze. Now, in this act of anagnorisis, we would acknowledge each other but not linger. Interlude in time, destiny's passers-by, we prefer a welcome wave and, in conversation, a few key words.

Vertigo

I saw a bird
(and some lilac feet, legs like rings
clasped to a tree).

I saw a January bird
(and the January stars that would start nothing).

I saw its head cocked
(and anxiety, a knot of nerves).

I saw a January bird, a song bird
(and the horrible shriek of those dark fowl
that sound more like snake-bitten toads).

I saw its eye
(and saw a talon claw

sus diminutos huesos
recubiertos de plumas).

Vi un pájaro de enero
dejarse caer como una piedra
y hacerme en ese instante de tocar en el suelo
un malabar de burla.

El guardián

Dentro del barrio, entre las casas de familias, abrieron la explanada. Es la nueva oficina de leer direcciones y matasellos. Hacia el mediodía el cuadrilátero está lleno de bultos con anillos postales y ribetes de colores. Después, poco a poco desaparecen y las almendras que caen cubren el asfalto. Se ve al pájaro picar y a los destinatarios que han llegado tarde alzarse desconsolados sobre las cercas. La explanada está vacía, las oficinas cerradas. Alguien, por ahora un joven, vela ese espacio. La caja de las cajas, un cuadrilátero de sol, líneas que convergen y forman una incandescencia, fulgores de la promesa que podrían ser atravesados. El guardián va por los bordes, donde hay sombra, el hormigón está húmedo y las hojas amontonadas. Su silencio es el silencio de la tarde. Asoma por un ángulo, ve a los que pasan y parece que es él quien acecha. De pasos lentos, cada vez más estático, ni los colores del uniforme recién estrenado simulan esa ráfaga instintiva, creciente y obscena, de una sexualidad avivada por su idea de un interior y por el tedio.

tiny bones
covered in feathers).

I saw a January bird
drop like a stone,
and perform for me the moment it hit the ground
a mock head-over-heels.

The sentinel

They opened up the esplanade in the barrio, among family
housing. It's the new office for reading addresses and postmarks.
Around midday the rectangle's full of packages, postal seals and
colored ribbons. Then gradually they disappear and ripe almonds
fall, cover the asphalt. You see a bird peck away and late-comers
for the post disconsolately shin up fences. The esplanade is
empty, the offices closed. Someone, a young lad for the moment,
watches that space. A box for the boxes, a rectangle of sun, lines
converge, create incandescence, flames of promise that could be
crossed. The sentinel walks the perimeter, where there's shade,
damp concrete and piles of leaves. His silence is the silence of
afternoon. He peers round a corner, sees the people walk by and
seemingly he's the one on the prowl. Slow-stepped, ever more
ecstatic, not even the colors of his newly adopted uniform can
conceal an instinctive, growing, obscene charge of sexuality
fanned by his idea of an inside and by boredom.

TR. PETER BUSH

Manos

Qué quieres que mi mano sea en tu mano.
Mis dedos de uñas cortas sin esmalte,
mi mano de muchacho sin anillo.
Cómo sería darla en matrimonio.

A dónde es que tu mano llevará la mía,
puñado de huesitos y tendones. Una espuela,
una punta, un frotar de pinceles,
un pellizco de goma, un empuje hacia el centro.
Y dedos como ramas diminutas, como algas y lenguas
y otra vez una mano
que es la mano sin par,
es la mano sin fin de cuatro manos,
es la mano tomada por sí misma.

En la calle Real. Nueva Orleáns

Sería la pipa de algún rey,
de un príncipe de tribu.
Podía guardar el tabaco más húmedo, quemarlo lentamente.
Casi un dedal de yerba, con él se aromaba los enlaces,
duraba un holocausto. Dejaba conjurar.
Frágil, como un ombligo seco, al roce de las uñas sus
        pliegues de corteza
tenían lo duro del diamante, sus ángulos, su mapa
y el imposible trazo de los rostros,
las caretas de líneas.

Hands

What do you want my hand to be in yours.
My fingers with their short, unvarnished nails,
my boyish, unringed hand.
What would it be like to give it in matrimony.

Where will your hand like to take mine,
clutch of small bones and tendons. A talon,
a tip, a burnishing of brushes,
a pinch of rubber, a push toward the center.
And fingers like tiny branches, like algae and tongues
and once more a hand
that is the unrivaled hand,
this endless hand of four hands,
this hand taken by itself.

TR. PETER BUSH AND ANNE MCLEAN

On Royal Street. New Orleans

It must be a king's pipe,
a tribal prince's.
It could hold the dampest tobacco, burn slowly.
Almost a thimble of grass and it perfumed betrothals,
lasted a holocaust. Gave way to exorcism.
Fragile, like a shriveled navel, its bark sinews, brushed by
    nails,
were as hard as diamond, its corners, its map,
the impossible shapes of the faces,
the masks the lines.

Sería más que un lujo
y el trayecto sinuoso, la miserable pieza de un alivio
ensamblada en sus partes por anillos dorados.
Para que la aprendieran los jerarcas
en su forma de joya se ocultaba una ley:
ser madera de pipa, que no es heno,
que endurece, se pule, que se ahonda
contra un nudo volátil de pasiones,
las pasiones del hombre.
Ser madera de pipa, que resiste
y hace que el fuego vuelva siempre al fuego.

It must be more than a luxury
a sinuous trajectory, the miserable instrument of relief,
parts held by golden rings.
So the hierarchs found out
its jeweled form concealed a law:
be pipe-wood, that isn't hay,
harden, polish, deepen
against a volatile nest of passions,
the passions of man.
Be pipe-wood, resist,
make sure fire always returns to fire.

TR. PETER BUSH

CARLOS A. AGUILERA (1970–   )

Mao

Y sin embargo hoy es famoso por su cerebrito
    verticalmente
      metafísico
y no por aquella discusión *lyrik*proletaria entre gorrión
    *vientre*amarillo
    que cae y gorrión
    *vientre*amarillo
    que vuela
o paréntesis
entre gorrión *vientre*amarillo que cae y gorrión *vientre*amarillo
    que *no*vuela
como definió sonrientemente el economista Mao
y como dijo: "Allí, mátenlos . . ."
señalando un espacio compacto y ligero como ese *no*único
    gorrión
    *vientre*amarillo
devenido ahora en el "asqueroso gorrión *vientre*amarillo" o
    en el "poco
    ecológico gorrión
    *vientre*amarillo"
enemigo radical de / y enemigo radical hasta—
que destruye el campo: "la economía burocrática del arroz"
y destroza el campo: "la economía burocrática de la
    ideología"
      con sus paticas un-2-tres
      (huecashuecasbarruecas)

CARLOS A. AGUILERA (1970–   )

Mao

And anyway today he's famous for his shrunken, vertically
     metaphysical
         mind
and not for that *lyrik*proletarian argument between a
         *yellow*belly
         sparrow
         that falls and a *yellow*belly
         sparrow
         that flies
or parentheses
between a *yellow*belly sparrow that falls and a *yellow*belly
     sparrow
         that does*not*fly
as Mao the economist defined smilingly
and as he said: "There, kill them . . ."
pointing to a light and compact space like that *not*unique
         *yellow*belly
         sparrow
become now that "disgusting *yellow*belly sparrow" or
         that "hardly
         ecological *yellow*belly
         sparrow"
radical enemy of / and radical enemy to the point—
of destroying the countryside: "the bureaucratic economy of
     rice"
and demolishing the countryside: "the bureaucratic economy
     of ideology"

de todo mao*sentido*
como señaló (o corrigió) históricamente el kamarada Mao
en su intento de hacer pensar por enésima vez al pueblo:
"esa masa estúpida
que se estructura
bajo el concepto fofo
de pueblo"
que nunca comprenderá a la mao*demokratik* en su
movimiento
contra el gorrión
que se muta en
*vientre*amarillo
ni a la mao*demokratik* en su intento (casi totalitario) de
no pensar a ese
gorrión
*vientre*amarillo
que no establece diferencias entre plusvalía de espiga y
plusvalía de arroz
y por lo tanto no establece diferencia entre "tradición
de la espiga" y
"tradición del
arroz"
como aclaró Mao dando un golpe en la mesa y articulando:

正名

o lo que es lo mismo: 1000 gorriones muertos: 2 hectáreas
de arroz/ 1500 gorriones
muertos: 3 hectáreas de
arroz/ 2600 gorriones
muertos: 5 hectáreas de
arroz

with its tiny feet one-2-three
(brokebrokebarroke)
of all mao*intention*
as was historically pointed out (or corrected) by komrade
Mao
in his nth attempt to make the people think:
"that stupid mass
structured
under the fluffy concept
of The People"
which will never understand the mao*demokratik* in his
movement
against the sparrow
which mutates into
*yellow*belly
nor the mao*demokratik* in his (nearly totalitarian) attempt to
not think about that
*yellow*belly
sparrow
which establishes no differences between the surplus value of
chaff and
the surplus value of rice
and by that count establishes no difference between a "tradition
of chaff" and a
"tradition of
rice"
just as Mao clarified with a blow to the table and saying:

正名

or what is the same thing: 1000 sparrows dead: 2 hectares
of rice/ 1500 sparrows
dead: 3 hectares of

o repito ch'ing ming
donde el concepto *violencia* se anula ante el concepto *sentido*
       (época de la cajita
       china)
y donde el concepto violencia ya no debe ser pensado sino
       a partir de "lo
       real" del concepto
       unsolosentido (como
       aclaró muy a tiempo
       el presidente Mao y
       como muy a tiempo
       dijo: "si un obrero
       marcha con *ex*tensidad:
       elimínenlo/ si un
       obrero marcha con
       *in*tensidad: rostros
       sudorosos con 1 chancro
       de sentido")
subrayando con una metáfora la *no*fisura que debe existir
       entre mao*demokratik*
       y sentido
y subrayando con la misma metáfora la fisura que existe
       entre tradición y
       *no*sentido: generador
       de violencia y
       *a*orden / generador de
       *no*historia y "saloncitos
       literarios con escritores
       *sin*sentido"
como anotaron en hojas grandes y blancas los copistas
       domésticos del

rice/ 2600 sparrows
dead: 5 hectares of
rice
or I repeat ch'ing ming
where the concept of *violence* is annulled before the concept
of *sense*
(the time of the chinese
box)
and where the concept of violence should no longer be
thought but rather
from the point of what's
"real" in the concept
oneonlysense (as was
clarifed in a very timely
way by president Mao and
as he said in such a timely
way: "if a worker
marches with *ex*tensity
eliminate him/ if a
worker marches with
*in*tensity: sweaty
visages with 1 boil
of sense")
highlighting with a metaphor the *non*fissure which should exist
between mao*demokratik*
and sense
and highlighting with the same metaphor the fissure that exists
between tradition
and *non*sense: generator
of violence and
*a*order/ generator of
*non*history and "little

                    padrecito Mao
y como anotó posteriormente el copista Qi en la versión
                    final a su *vida e*
                    historia del presidente
                    Mao (3 vol.) donde
                    explica lo que el filósofo
                    Mao llamó "la superación
                    de la *feudo*historia" y
                    como/como/como (preciso)
                    habían pasado de una
                    *feudo*historia (y una
                    *micro*historia) a una
                    *ideo*historia y a una
                    *eco*historia e inclusive
                    de un "no observar con
                    detenimiento la historia"
                    a una "manipulación
                    pequeña de la historia"
                    (Pekín/Pekín: hay que
                    regresar a Pekín . . .)
como reescribió el copista Qi en ese *corpus intellectualis*
                    del kamarada
                    Mao
y como se vio obligado a corregir el (definitivamente)
                    civilista Mao al
                    coger un cuchillo
                    ponerlo sobre el
                    dedo más pequeño
                    del copista Qi y
                    (en un tono casi
                    dialektik/militar

literary salons filled with
*non*sensical writers"
as was noted by personal scribes of Mao the little father
on large
white sheets
and as the scribe Qi noted later in the final
version of his *Life and
Times of President
Mao* (3 vol.) where
he explains what Mao
the philosopher called
"the overcoming of
*feudo*history" and
how/how/how (I insist)
they had gone from a
*feudo*history (and a
*micro*history) to an
*ideo*history and to an
*eco*history and even
from an "unattentive
observation of
history" to a "small
manipulation of history"
(Peking/Peking: you
must return to Peking . . .)
as the scribe Qi rewrote in that *corpus intellectualis*
of komrade
Mao
and as the (definitively) *civil*servant Mao was forced to correct
by taking a knife
putting it on the
little finger of

           casi) decirle
           "hacia abajo y
           hasta el fondo"
(crackk . . .)

Qi the scribe and
(in a tone almost
dialektik/military
almost) say to
him "down and to
the bone"
(crackk . . .)

TR. TODD RAMÓN OCHOA

NORGE ESPINOSA (1971–   )

Vestido de novia

> *Por eso no levanto mi voz, viejo Walt Whitman,*
> *Contra el niño que escribe*
> *Nombre de niña en su almohada,*
> *Ni contra el muchacho que se viste de novia*
> *En la oscuridad del ropero.*
> Federico García Lorca

Con qué espejos
con qué ojos
va a mirarse este muchacho de manos azules
con qué sombrilla va a atreverse a cruzar el aguacero
y la senda del barco hacia la luna
                          Cómo va a poder
cómo va a poder   así   vestido de novia
si vacío de senos está su corazón
si no tiene las uñas pintadas   si tiene sólo un abanico de
      libélulas
cómo va a poder abrir la puerta sin afectación
para saludar a la amiga que le esperó bajo el almendro
sin saber que el almendro raptó a su amiga   le dejó solo
ay   adónde podrá ir así   tan rubio y azul   tan pálido
a contar los pájaros   a pedir citas en teléfonos descompuestos
si tiene sólo una mitad de sí   la otra mitad pertenece a la madre
de quién   a quién   habrá robado ese gesto   esa veleidad
esos párpados amarillos   esa voz que alguna vez fue de las
      sirenas

NORGE ESPINOSA (1971–   )

Dressed Up as a Bride

> *Old Walt Whitman, this is why I don't condemn*
> *The boy who scribbles*
> *A girl's name on his pillow,*
> *Or the boy dressed up as a bride*
> *In the closet's darkness.*
> Federico García Lorca

In what mirrors
with what eyes
is this boy with blue hands going to watch himself
with what parasol will he venture through the downpour
cross the ship's path toward the moon

                              How can he
how can he   dressed up like this   as a bride
if his heart has flat breasts
his nails are unpainted   his fan only
    dragonflies
how can he open the door without some stagey flourish
to meet the girl expecting him under the almond tree
unaware the tree kidnapped his friend   left him alone
ah where can he go like this   so blond so blue   so pale
to count the birds   make dates on broken telephones
if he has only half himself   the other half his mother's
from whom he'll swipe this sweep   this giddiness
these yellow eyelids   this voice of long-ago
    sirens

Quién

le va a apagar la luz bajo la cama y le pintará los senos con
    que sueña
quién le compondrá las alas a este mal ángel   hecho para
    las burlas
si a sus alas las condenó el viento   y gimen
quién   quién le va a desvestir   sobre
    qué hierba o pañuelo
para abofetearle el vientre   para escupirle las piernas
a este muchacho de cabello crecido   así   vestido de novia

Con qué espejos
con qué ojos
va a retocarse las pupilas este muchacho que alguna vez quiso
    llamarse Alicia
que se justifica y echa la culpa a las estrellas
con qué estrellas   con qué astros podrá mañana adornarse los
    muslos
con qué alfileres se los va a sostener
con qué pluma va a escribir su confesión   ay   este muchacho
vestido de novia en la oscuridad   es amargo y no quiere salir
    no se atreve
no sabe a cuál de sus musgos escapó la confianza
no sabe quién le acariciará desde algún otro parque
quién le va a dar un nombre
con el que pueda venir y acallar a las palomas
matarlas   así   que paguen sus insultos
con qué espejos   ay   con qué ojos
va a poder asustarse de sí mismo este muchacho
que no ha querido aprender ni un solo silbido para las
    estudiantes
las estudiantes que ríen   él no puede matarlas

Who
will turn off his nightlight and paint the breasts he
        dreams of
who will fix this naughty angel's wings   butt of
        jokes
if the wind damned his wings   and they creak
who's going to strip him   on what grass
        or handkerchief
to smack against the belly   spit on the legs of
this boy with longish hair   dressed up like this   as a bride

In what mirrors
with what eyes
is he going to touch up his eyeshadow this boy who once
        longed to be called Alice
who excuses himself and blames the stars
what stars   what heavenly bodies can he use to bejewel his
        thighs tomorrow
what pins will keep them in place
what pen will he hold to tell all   ah   this boy
dressed up as a bride in the darkness   is stung
and doesn't feel like going out   doesn't dare
isn't sure which messy moss of his secreted the secret
isn't sure who will pet him in yet another park
who will lend him a name
he can say to shut up the doves
off them   like this   to answer for his affronts
in what mirrors   ah   with what eyes
is he going to startle himself this boy
who hasn't once tried to learn how to whistle at
        girls
the students who giggle at him   how can he kill them

así   vestido de novia   amordazado por los grillos
siempre del otro lado del puente   siempre del otro lado del
     aguacero
Siempre en un teléfono equivocado   no sabe el número
tampoco él se sabe
Está perdido en un encaje y no tiene tijeras
así vestido de novia   como en un pacto hacia el amanecer

Con qué espejos

Con qué ojos.

De profundis

in carcere et vinculis

Que no caiga sobre mí tanta limosna, que no vengan
a darme prosperidad, a ofrecerme luz y barro
esos amigos muertos, los gendarmes agresivos
que devoran cada verso y cada abrazo, y son hermosos.
Déjenme si escribo al borde de las celdas
y no tengo por amante sino un cuervo, y una casta
de lluvias hasta el fin. Y que la sombra sea
la única confidente, la demorada y firme,
el desfile en que verán
uno tras otro cayendo mis pretextos. Uno tras otro:
toda mi parda exaltación.

Si yo he dicho *la Belleza* es porque sí, voy demudado
de un precipicio al punto donde alcanzo a no morirme.
Si he anhelado una camisa, una cena y una ergástula

dressed up like this   as a bride   choked by crickets
always on the wrong side of the bridge   wrong side of the
    rain
He's always on the wrong phone   doesn't know the number
or what he's all about
He's all tangled up in lace with no scissors
dressed up as a bride   like this like a pact with dawn

In what mirrors

With what eyes

De Profundis

in carcere et vinculis

No, don't shower me with so many alms, or come
bearing riches, or offering me light and slime,
you dead friends, you bullying guards who eat up
every verse and each embrace, and are so handsome.
Let me be if I scrawl on the baseboards of cells
and take no lovers but a crow and the dynasty
of rains until the end. Let the late and steady
shadows be my only confidant, a procession
of my excuses fading past, one by one.
One by one: all my putty-colored passions.

Yes, if I've said Beauty it's because I run shaken
from the edge to a place where I manage to stay alive.
If I've yearned for a shirt, a dinner, a classic dungeon,
it's because I'm only the Comic, the most basic kind.

es porque he sido apenas el Comediante: lo más mínimo.
Si me han visto llorar, y no tengo ya remedio,
no llamen a mi madre. Que no venga el capitán.
Yo digo siempre *de profundis*. Y he elegido acabar
así, sintiendo
la rosa de un deseo atroz, martirizándome.

Dejar la isla

I

Como si pretendiéramos no haber escuchado
al caramillo en nuestro pecho dibujar cantos antiguos,
un santo día de paz, un día ansioso de tormentas
venimos a por el adiós,
a por la angustia mortal de todo viaje.
Como si aún no fuéramos demasiado niños
y allá en nuestra humedad no agonizara extraña liebre,
quebramos el círculo, danzón, esa dulzura
que ofrecía, paternal, el abrazo en su demora.
Todo queda lejos del fulgor que se nos sueña.
Todo engrandece ya nuestro sexo, nuestra brújula.
Y hemos jurado viajar, romper la imagen
del dios languideciente que nuestra casa encendía.
Todo aburre ya.
El paisaje, indefinido, nos ofrece su moneda.

Y el hijo del farsante, el pagador, sus luciérnagas,
nos enseñan el camino que siempre se apresura.
Y el héroe, el mutilado capitán de gris conquista
nos ha hablado de un lugar donde el fuego es más rabioso.

If you've seen me weep—what else can I do now?—
don't call my mother. Don't summon the warden.
De profundis, I always say. And I've decided
to end it all this way, feeling the rose
of an unspeakable desire, dying a saint for it.

Leaving the Island

I

As if we could pretend we'd never listened
to the flute inside our chests trace ancestral songs,
one fine day, a quiet day nervous with storms,
we come to say goodbye,
to face the fatal pang of every parting.
As if we weren't still such little kids
and a weird jackrabbit wasn't writhing inside our wetness,
we break the circle, the sweetness of that waltz
shared family-style in the lingering of a hug.
Everything is far from the glow that dreamed us up.
Everything swells our sex, our compass-needle.
And we've sworn to travel, to shatter that icon
of a failing god lit inside our house.
Everything else is a big bore.
Out-of-focus scenery hands us its token.

The joker's son, the purser, and their fireflies
light the road always pressing ahead of us.
And the hero, amputated captain of wintry victory,
has told us of a place where fire rages wilder.

Y el vendedor de grillos, el igual, el comediante,
fabulan sobre un país similar a los espejos:
dorada estampa,

                sangre virgen,

                        ciudad irrenunciable,
sitio que a nuestra edad saluda y fortifica.

II

Yo siempre obedecí a las miradas que mi madre
lanzaba, tornasol, alrededor de mi cabeza.
Yo nunca fui más allá de su paso, que añoraba
verme atravesar la provincia como un príncipe.
        La provincia desbordada por su miel y su leche . . .
        La provincia destendida . . .
        La provincia no más.
Pero yo supe del carmín que saborean los fugitivos
y tuve por mujer el alma de una extraña.
Y tuve más. Y pude
adivinar el horizonte.
Mi madre me veía atravesar las flores de sus ojos.
Yo era el más hermoso. Su cuerpo en gloria. Más.
Pero el camino me ofrecía la vocación de los danzantes,
me hablaba de parientes, de un color no conocido.
Y fue mayor el juego, mayor aún que la isla
mi voz recién brotada, mi golpe en las estrellas.
Yo siempre obedecí a las pupilas de mi madre.
Pero pudo más el viaje. Todo pudo más.

The cricket-dealer, the peer, and the comic
dream up a country made like mirrors:
golden picture,
                virgin blood,
                                undeniable city
that at our tender age salutes and strengthens us.

II

I always heeded the glances my mother
shot toward me, with a halo around my head.
I never ventured beyond her footsteps that longed
to see me cross the province like a prince.
        Province overflowing with her milk and honey . . .
        Protruding province . . .
        Only province.
But I was wise to the lipstick that runaways savor
and took as a wife the soul of a mysterious lady.
More, I had more. And could sense
where the horizon was.
My mother watched me prance through the petals of her eyes.
I was the most beautiful. Her body in all its glory. More.
But the road held out the calling of a dancer,
spoke to me of relatives, of an unknown hue.
And the game was larger, bigger even than the island,
my just emerging voice, my strike against the stars.
I always heeded the pupils in my mother's eyes.
But the journey was stronger. Everything else, stronger.

III

Dejar la isla,
abandonarse al polvo elemental de cada aullido,
del almuerzo salvador y del pájaro en la mesa
tan abierta y familiar en la más sagrada hora.
Morir, dejarse
caer a otro sentido lejano al de la fiesta
que giraba en los amigos cuando el saludo era un hallazgo
y el oro nos caía como trino en los bolsillos.
No estar, despedazarse
hacia una nueva orfandad, que lastima y muerde
una y otra vez, y otra
desdorada por el mismo resplandor con que tejí mi
        podredumbre.
Partir, cifrar el rumbo
que impone a cada rostro la lágrima que nadie podría
        arrebatarse.

Dejar la isla negando el cáliz de la rosa,
el agua vespertina,
               su luz,
                    tan familiares.
Saltar del mimbre al lienzo, provocando ese espanto
que no diluye otra voz que no sea la furtiva.
Dejar esta isla por otra menos dadivosa,
mucho menos cierta, exacta o calada.
Dejar todo un planeta, una casa, un filo
de luna común abandonado a la intemperie
para corrompernos en jaurías de miserias
y no tener por cardinal ni al árbol ni sus nombres,

III

Leaving the island,
giving in to the primal grit of every howl,
of the redeeming dinner and the bird at the table
so open and close at the holiest hour.
Dying, letting yourself
diminish into distance, far from the celebration
churning with friends when every hello was found money
and gold fell like birdsong into our pockets.
Not being there, splintering yourself
into a new orphanhood grieving and gnawing
over and over again,
tarnished by the same dazzle that created my
        malaise.
Exiting, charting an itinerary
that inspires tears nobody can wipe from their
        cheeks.

Leaving the island is canceling the rose's chalice,
water's evening vesper,
                    its light,
                                all so yours.
Lunging from settees into seascapes, sparking a panic
that saps any speech but the fugitive kind.
Leaving the island for another less giving,
much less anchored, definite, and there.
Leaving a whole world, a home, a sickle
of mutual moon left out in the rain
for us to go rot in dogpacks of poverty
with no tree or its names as true north

y no tener por amigo
sino a un muchacho de ojos peligrosamente verdes.

Todos queremos escapar, destilarnos en el mundo,
trocar nuestra virtud por otros cuerpos más silentes.
Todos queremos detenernos en actos de violencia
que contar a los padres, a los hijos, al cuchillo.
Y así quebramos la falda para huir a lo invisible
asesinando a algún niño, a un corazón que espera.
Viajar, viajar, y en el centro del delirio
tocar a puertas de maldad, donde la víctima es el pecho
que muestra latitudes de rama pisoteada.
"Adiós, adiós",
decimos, y es la lumbre
el brillo del hogar lo que se quebranta y rueda.

IV

Porque uno esconde el as y una noche lo extravía,
porque el pájaro en la sombra dobla el llanto, dobla el sueño.
Porque uno ha sido cazado en temporadas de naufragio
y carga el peso del mar, y el mar se nos confunde,
siempre tendremos que viajar, que romper nuestra llamada,
nuestras fiestas, nuestra piel, en clamor de indócil fuego.
Porque para crecer debe romperse una estatura
que proteje toda flor, nuestra infancia está negada.
Pueblos de mí mismo, isla de mi hambre
aún por aplacar, escucha: te abandono.
Casa de mi hora, de mi pan, jaula
de dormir tranquilo y con el río a cuestas,
nada puede darme en verdad otra aventura
que no sea el viajar, el robarme en lo lejano

and no friend
but the boy with the dangerously green eyes.

We all want to run away, purify ourselves in the world,
barter our goodness for other, gentler bodies.
We all want to startle ourselves in rough escapades
to brag about to our folks, kids, the razor's edge.
So we cut the apron strings to flee to the unseen
murdering some child, or a heart that waits.
To travel, travel, and at the height of the madness
knock on evil doors where the victim is a breast
exposing vast expanses of trampled branches.
"Goodbye," we say,
"goodbye," and home's light,
its cozy glow, rocks apart, and rolls.

IV

Because one night you lose the ace up your sleeve,
because the shadow bird tolls a dream, tolls a lament.
Because you've been stalked in seasons of shipwreck
and bear the sea's weight, and the sea turns us around,
we must always move on, must shatter our calling,
our gatherings, our skin, with a shriek of unruly fire.
Because to grow up you must push past the height
guarding the flowers: our childhood is wiped out.
Listen up, towns of myself, island of my hunger,
still not satisfied: I'm leaving you behind.
My house, its time and bread, cage
of snug sleep, the river on my shoulders,
nothing else could give me another real chance
but travel, stealing from me at a distance

este atardecer que impaciencia desmerece.
Parto. Es el fin.
Me despido.
No hay certeza de que vuelva yo soldado, bailarín, ajeno,
o de que vuelva simplemente enfrentado a mi tamaño.
Ya esta ceiba no será el mayor árbol del mundo.
Ya no seré yo, sino el que muere lejos.
Todo hijo se desprende en adiós, se va a lo solo
a vivir a lo terrible, a desgarrarse en qué tabernas.
Todo hombre, poeta, animal indivino
tiene un camino por hacer: su propio vientre.
Y toda madre se hace bruma, toda morada se nos niega:
Apenas queda errar. Lo demás, es el polvo.
Apenas queda crecer. Lo demás, es el llanto.

Dejemos pues, el sitio
habitual de la agonía, de la estancia ya tan pequeña.
Dejemos, pues, la isla
geográfica y sedienta que el mar no enardece
sino con su silbo en la estación más triste
donde el único poema parece ser el agua.
Porque todo el que ha cantado tiene ansia de su eco,
porque todo el que palpita del vecino morir se extraña
adivinando un mundo que nos promete albores:
un ensueño del cual también regresaremos.
Todo aquello que dejamos está en nosotros mismos,
como este cuerpo antiguo que inocentemente creemos ver
        partir,
mientras la espuma, pronta y laboriosa,
con su gesto de madre, como a una isla, lo hunde.

this sunset that restlessness doesn't deserve.
I'm leaving. This it it.
I'm saying so long.
Can't be sure I'll come back as a soldier, dancer, alien,
or simply cut down to my real size.
This ceiba won't ever be the world's tallest tree.
I'll no longer be myself, but someone far away dying.
With goodbye, every child breaks free, goes his own way
to endure horror, tear himself open in whatever barrooms.
Everybody, poet, inglorious beast
has a path to follow: his own guts.
Every mother fades into mist, every inn turns us away:
you can't help but wander. Everything else is dust.
You can't help but grow. Everything else is crying.

So let's leave this place
of dying every day in a living room already too small.
So let's leave the geography
of this parched island the sea doesn't set fire to
except with whistling during the saddest season
when the only poem appears to be water.
Because everyone who has sung craves his own echo,
everyone alive is puzzled at a neighbor's death
counting on a world that promises dawn after dawn:
a daydream we will also wake up from.
Everything we leave behind remains inside of us,
like this archaic shape we naively imagine
        disappears
while ready and diligent foam,
with a mother's touch, covers it up like an island.

Todo el que parte, regresa.

Todo el que regresa, arde.

Everyone who leaves, returns.

Everyone who returns, burns.

TR. JAMES NOLAN

CONTRIBUTORS' NOTES

Soleida Ríos (Santiago de Cuba, 1950) has written several collections of poetry: *De la sierra* (1977), *De pronto abril* (1979), *Entre mundo y juguete* (1987), *El libro roto* (1995). Prose works include *Libro cero* (1999), *El texto sucio* (1999), and *El libro de los sueños* (1999). Her writing also appears in numerous anthologies published in Cuba and elsewhere, notably *Poesía infiel: Antología de jóvenes poetas cubanas* (1989), and has been translated into English and Italian. Ríos resides in Cuba.

Francisco Morán (Havana, 1952), a poet and essayist, is the author of *Casal à rebours* (essay, 1996), *Habanero tú* (poems, 1997), *Ecce homo* (poems, 1997), and *El cuerpo del delito* (poems, 2001); he also edited the anthology of Cuban poetry *La isla en su tinta* (2000). In 1994 he received the Razón de Ser prize (Fundación Alejo Carpentier) and in 1999 the Luis Cernuda award. Morán is the editor of the online magazine *La Habana Elegante* (www.habanaelegante.com) and has lived in the United States since 1994.

Orlando González Esteva (Palma Soriano, 1952) has written, among other books, the poetry collections *Mañas de la poesía* (1981), *El pájaro tras la flecha* (1989), *Fosa común* (1996), and *Escrito para borrar* (1997) as well as the prose works *Elogio del garabato* (1994), *Cuerpos en bandeja* (1998), and *Mi vida con los delfines* (1998). He edited the anthologies *Tallar en nubes* (1999, selections from the notebooks of José Martí) and *Amigo enigma* (2001). González Esteva has lived in the United States since 1965.

Reina María Rodríguez (Havana, 1952), a poet and prose writer, is a mainstay of Havana's literary scene. Her most important works include *La gente de mi barrio* (1976), *Cuando una mujer no duerme* (1980), *Para un cordero blanco* (1984), *En la arena de Padua* (1992), *Páramos* (1993), *Travelling* (1995), *La foto del invernadero* (1998), and *Te daré de comer como a los pájaros* (2000). She has received numerous awards, among them the National Critics' prize (1992, 1995, 2000, 2001), Casa de las Américas (1984, 1998), Julián del Casal (1980, 1993), the 13 de Marzo award, and Mexico's *Plural* prize. Rodríguez has been honored for her contributions to Cuban literature with the country's Distinción por la Cultura Nacional and in 1999 was decorated by France as a Knight of the Order of Arts and Letters.

Jesús J. Barquet (Havana, 1953) is a poet and essayist. His published poetry includes *Sin decir el mar* (1981), *Sagradas herejías* (1985), *Un no rompido sueño* (1994), *El libro del desterrado* (1994), *El libro de los héroes* (1994), and *Naufragios / Shipwrecks* (2001). Barquet's essay *Consagración de La Habana* received the Letras de Oro award in 1992; another book of essays, *Escrituras poéticas de una nación*, won the Lourdes Casal Prize (1999). He has lived in the United States since 1980.

Ángel Escobar (Guantánamo, 1957–Havana, 1997), a poet, playwright, and prose writer, published several collections of poetry during his lifetime, including *Viejas palabras de uso* (winner of the Premio David, 1977), *Epílogo famoso* (Premio Roberto Branly, 1985), *Allegro de sonata* (1987), *La vía pública* (1987), *Malos pasos* (1991), *Todavía* (1991), *Abuso de confianza* (1992), and *Cuando salí de La Habana* (1996). Two titles were published posthumously in Spain: *El examen no ha terminado* (1997) and *La sombra del decir* (1997). His play *Nadie saluda al rey* was produced in 1989. Escobar committed suicide on February 14, 1997.

Félix Lizárraga (Havana, 1959) writes poetry, essays, and prose, including *Beatrice* (novel, 1981), *Busca del Unicornio* (poems, 1991), *A la manera de Arcimboldo* (poems, 1999), and *Los panes y los peces* (poems, 2001). His work has appeared in various anthologies and literary journals in Cuba and elsewhere, including *Nuevos narradores cubanos* (Spain, 2000). Lizárraga's novel won the Premio David in 1981, and his poem *San Sebastián* received *La Habana Elegante*'s Fronesis prize for erotic poetry in 1999. He has lived in Miami since 1994.

Rolando Sánchez Mejías (Holguín, 1959) is the author of *Escrituras y derivas* (1994), *Cálculo de lindes* (Mexico, 2000), and *Historias de Olmo* (Spain, 2000). His stories have been translated into several languages, and his poems have appeared in anthologies of Latin American literature compiled by Julio Ortega, Eduardo Milán, and others. He is the director of the literary journal *Diáspora(s)*, a joint project of Havana and Barcelona writers. He lives in Barcelona.

Rogelio Saunders (Havana, 1963), a poet, essayist, and prose writer, is a member of the Diáspora(s) group and one of the editors of the journal by the same name. His published works include *Polyhimnia* (poems, 1996) and *El mediodía del bufón* (short stories, 2001). In 1998 he received a scholarship from the International Writers Parliament to travel to Austria and lived in Salzburg for a year. Saunders currently resides in Sabadell, Spain. He has completed two unpublished novels, *El* *escritor y la mujerzuela* and *Nouvel Observatoire*, as well as a new collection of poems, *Discanto*.

Antonio José Ponte (Matanzas, 1964) has been widely published in Cuba and internationally. Among his major works are *Asiento en las ruinas* (poems, 1997), *La lengua de Virgilio: La ópera y la jaba* (essays, Spain, 2000), *Un seguidor de Montaigne mira La Habana* (essays, 2001), *Las comidas profundas* (essays, 1997), *Corazón de Skitalietz* (novella, 1998), *Cuentos de todas partes del Imperio* (short stories, France, 2000) *Contrabando de sombras* (novel, Spain, 2002), *Un arte de hacer ruinas* (short stories, México, 2005), and a book of essays on Cuban literature, *El libro perdido de los origenistas* (Mexico, 2002). His works in translation include *In the Cold of the Malecón and Other Stories* (short stories, 2000, tr. Cola Franzen and Dick Cluster) and *Tales from the Cuban Empire* (short stories, Franzen), both published by City Lights. Ponte also produced, in collaboration with Mónica Bernabé and Marcela Zanin, the collection of essays *El abrigo de aire: Ensayos sobre literatura cubana* (2001). He lives in Cuba.

Omar Pérez (Havana, 1964) is the author of *Algo de lo sagrado* (poems, 1996), *¿Oiste hablar del gato de pelea?* (poems, 1998), and a book of essays on poetry and translation, *La perseverancia de un hombre oscuro* (1991) that won him the National Critics' Prize. He also wrote *Como les guste*, a translation of Shakespeare's *As You Like It*, published in Colombia (2000). Pérez lives in Cuba.

Pedro Luis Marqués de Armas (Havana, 1965) is a poet, an essayist, and one of the editors of the literary journal *Diáspora(s)*. His writings include the poetry collections *Fondo* *de ojo* (1988), *Los altos manicomios* (1993), and *Cabezas* (2002), for which he received the Julián del Casal prize. His 1994 book of essays *Fascículos sobre Lezama* won Cuba's National Critics' prize. Marqués de Armas is a physician and psychiatrist living in Cuba.

Germán Guerra (Guantánamo, 1966), a poet and essayist, wrote the introduction to *Reunión de ausentes: Antología de poetas cubanos* (1998), which also includes several of his poems. He is also the author of *Dos poemas* (1998) and *Metal* (1998) and heads the small publishing house Strumento. Guerra has lived in Miami since 1992.

Damaris Calderón (Havana, 1967) has received numerous prizes for her poetry, including the Young Poets award (1987), Ismaelillo prize (1988), Revolución y Cultura (1994), and the Revista Libros award from the Chilean newspaper *El Mercurio* (1999). She has published three collections of verse, *Con el terror del equilibrista* (1987), *Duras aguas del trópico* (1992), and *Guijarros* (1994), and her poems have appeared in anthologies and other publications in Cuba and elsewhere. She resides in Chile.

Alessandra Molina (Havana, 1968) is the author of the poetry volumes *Anfiteatro entre los pinos* (1999) and *As de triunfo* (2001). In 1996 she won the Luis Rogelio Nogueras award and in 1999 the Beca de Creación sponsored by the literary magazine *La Gaceta de Cuba*. The same year, Molina took second prize in the international poetry contest held by the Argentine publishing house Siesta. She was a participant in the Biennale Internationale des Poètes in Val-de-Marne, France, in 1999. She lives in Cuba.

Carlos A. Aguilera (Havana, 1970) is a poet and one of the editors of the literary journal *Diáspora(s)*. He has published two books of poetry, *Das Kapital* (1996) and *Retrato de A. Hooper y su esposa* (1970); his poems have also appeared in various anthologies and other publications in Cuba and elsewhere. Aguilera resides in Cuba.

Norge Espinosa (Santa Clara, 1971), a playwright, poet, and essayist, received the poetry prize El Caimán Barbudo for *Las breves tribulaciones* in 1989 and the Ediciones Vigía poetry award for *Cartas a Theo* in 1990. He is also the author of *Los pequeños prodigios* (poems, 1996) and *Las estrategias del páramo* (poems, 2000). His stage works have been produced by Teatro El Público and Teatro Pálpito, among other companies. Espinosa lives in Cuba.